每个人都在不断地犯错误，都在错误中寻找对的方向

架构探险

轻量级微服务架构 上册

黄勇 著

電子工業出版社
Publishing House of Electronics Industry
北京•BEIJING

内 容 简 介

本系列从开发与运维两方面分别对微服务架构的实践过程进行描述，全套分为上下两册，上册偏重于开发，下册偏重于运维。在上册中读者会学习到微服务架构所需的开发技能，包括使用 Spring Boot 搭建微服务开发框架，使用 Node.js 搭建微服务网关，使用 ZooKeeper 实现微服务注册与发现，使用 Docker 封装微服务，使用 Jenkins 部署微服务。通过阅读上册，读者可轻松搭建一款轻量级微服务架构。

本书适合对微服务实践感兴趣，以及想成为微服务架构师的人员阅读。

图书在版编目（CIP）数据

轻量级微服务架构. 上册 / 黄勇著. —北京：电子工业出版社，2016.9
ISBN 978-7-121-29804-2

Ⅰ. ①轻… Ⅱ. ①黄… Ⅲ. ①互联网络－网络服务器 Ⅳ. ①TP368.5

中国版本图书馆 CIP 数据核字（2016）第 203295 号

责任编辑：陈晓猛
印　　刷：三河市鑫金马印装有限公司
装　　订：三河市鑫金马印装有限公司
出版发行：电子工业出版社
　　　　　北京市海淀区万寿路 173 信箱　　　　邮编：100036
开　　本：787×980　1/16　　印张：13.5　　字数：259.2 千字
版　　次：2016 年 9 月第 1 版
印　　次：2017 年 11 月第 4 次印刷
定　　价：65.00 元

凡所购买电子工业出版社图书有缺损问题，请向购买书店调换。若书店售缺，请与本社发行部联系，联系及邮购电话：（010）88254888，88258888。

质量投诉请发邮件至 zlts@phei.com.cn，盗版侵权举报请发邮件至 dbqq@phei.com.cn。
本书咨询联系方式：010-51260888-819，faq@phei.com.cn。

序一
微服务，应用开发的新起点

研究现在的软件体系，不难发现：现在的软件专家们仍需要与大量的需求、设计、代码的细节打交道。出于项目实施时间、投入资源等方面的限制，软件往往以实现若干具体的用户功能需求为目标。专家们没有时间，也没有精力去追求软件的美学目标。日复一日，随着用户功能需求的变化，软件项目成为大量代码的随机而无序的堆积，奇丑无比。许多功能成一旦完成项目，就恐避之不及，不愿再去碰自己几个月来夜以继日的劳动成果。

黄勇的《架构探险：轻量级微服务架构》一书，融合了软件设计的最新理念，系统性介绍了微服务的设计、开发、运维等各方面，书中不仅仅是技术的描述和讲解。看到黄勇在技术方面这么多年的不断积累和提炼，我很欣慰。

微服务的兴起和移动应用的快速发展相对应。移动应用的基本框架是事件和响应，用户在碎片化的时间和地点，按自己的节奏完成综合起来是一个复杂的事情。这不同于传统软件，往往是流程和复杂业务驱动的过程和算法。移动计算所需要的跨界沟通和协作，在传统应用架构中则很难实现，而这恰恰是微服务的优势所在。微服务从技术的视角，使用各种协议和框架，便于不同开发者软件碎片之间的协同工作。但是各种软件交互协议并不稀缺，总是不断地出现各种协议的标准。微服务的成功使用，需要注意微服务在软件重用方面的能力，正是这种能力，使得微服务的使用更加具有普遍的意义。不同于传统的构件或服务，微服务的调用参数接口具有更大的融合性和灵活性。微服务的调用，不需要拘泥于严格的数据类型，而是遵循更高层次的语法结构。特别是应用软件走向人工智能的时代，微服务将更深的演化带来更智能的微服务对接。微服务对于传统的过程式软件，是一个破坏性的改变。这一特征既给了微服务无限的想象空间，也给实施带来了很多挑战。并不是每个应用，特别是成熟领域的软件应用都适合微服务的改造。但是对于移动应用领域和跨应用跨企业的对接，是一个很必要的选择。

我早年写了一些关于 SOA 和“面向构件”方面的东西，有人问我：“SOA 和微服务有何差异？”我认为：SOA 的核心还是企业级应用。最大的差异，是微服务对于调用参数的宏定义，语义的适应性，使得微服务的复用性大大提升。比较有意思的是，新的微服务调用参数体系，和普元 EOS 非常类同，15 年前我们就是这样设计的。微服务是 SOA 后的一个突破性的东西，不是简单的落地，SOA 本身也有落地，比如普元的 EOS 就是 SOA 落地后的产品。SOA 到微服务一方面是网络协议的提升，更加适应跨应用跨企业的服务调用。还有人问我："构件和微服务到底有什么区别？"我认为：构件是装配、开发的视角，一台机器由一个个构件装配而成；服务是运行、传动的视角，能量从活塞到轮胎传播。微服务用代码来开发，但微服务可以当成一个构件装配到应用。两边视角不同，但是微服务给了软件模块更多生命力。构件是静态的，服务是动态的。

这本书对于微服务架构的介绍非常完整，如果你和你们的企业正在开发移动应用，或者对已有的应用正在规划架构性的重构，这本书很值得一读。

——黄柳青

序二
微服务，我们如何与你相处

微服务来了，有了“服务”这两个字，这注定又是个一说就明白、一举例就糊涂、一讨论就吵架的概念。微服务的出现有其必然的商业背景和架构哲学，如何更好地认识微服务的内涵、如臂使指地应用微服务架构，还是有着很多挑战的，这也许就是本书被命名为“架构探险”的原因。

企业数字化转型驱动架构升级

互联网经济深刻改变了我们身边的商业环境，消费者的生活方式日益数字化，人们可以在任何时间、任何地点利用线上、线下渠道体验无缝购物，运用社交媒体表达自我，企业也在运用多种技术手段，发挥数字化潜力，改善客户联系，促进企业业务模式的转型。Gartner 认为，数字化就是把人、事、物和商业联系起来，建立新的商业模式。未来的企业都将是 IT 企业，IT 将从后台走向前台，从 ERP、CRM 等内部流程优化为主的业务，逐步转向内外兼修的模式，从而实现商业创新。

这一变化要求 IT 架构更加灵活地与上下游企业协作，更加快速地响应客户的个性化需求，更加弹性地应对无时不在的客户请求并提供良好的客户体验，同时云计算、大数据等技术的出现也为上述改变提供了新的技术选择，我们正面临 B/S 多层架构出现后新的一次架构升级，而微服务架构就在这个架构升级过程中应运而生。

分而治之的哲学是微服务的理论基础

把大的问题分解为容易解决的小问题，找到小问题的解决办法，再来解决大问题，这就是分而治之的哲学。正如万事万物由分子、原子组成一样，软件也可以分解为基本单元，以这样的基本单元进行开发、测试、维护，是解决大规模系统建设的思路。分而治之首先要解决如何分的问题，企业软件的分法应该是以业务驱动的，而不是以技术驱动的，也就是分解为独立的业务逻辑，而这样的不可再分的业务逻辑就是微服务。

凡事有一利必有一弊，细分为微服务后，势必带来部署、测试、信息集成难度的提高，分而治之除了“分”，还需要“治”。传统恐龙型 ERP 是一个面向组织的软件，完备、复杂、响应变化慢，适合业务稳定的情况，而在数字化时代，客户个性化的要求让我们从这种面向组织的软件逐渐演变为面向个体的软件。例如，从前的 EHR 软件是为人力资源部门服务的，整体开发、整体实施，而现在我们会从个体的角度规划软件，可以先从招聘专员开始做一个面试管理的流程，逐步推出新的流程，完善现有的流程。这些面向个体的流程就是微应用，企业应用将由无数个微应用组成。微服务则是一个技术概念，能更好地解决微应用的技术实现问题，是一个事物的不同侧面，所谓“横看成岭侧成峰，远近高低各不同”，微服务和微应用是事物的一体两面。正因为微服务实际就是一个业务逻辑，因此做好微服务需要从微应用的维度考虑，将分解开的逻辑形成一个整体，要从多渠道接入、客户体验、数据管理、应用交付、运维全方位的视角考虑，这就是分而治之中实现“治”的体验，也是微服务架构需要解决的问题。

站在 SOA 的肩膀上践行微服务

微服务是一个新概念，但这绝不是一个全新架构，更不是一个包治百病的架构。由于有服务二字，很容易让人联想到面向服务架构（SOA），其实微服务架构属于应用技术架构，和以 B/S 为代表的三层架构相对应，强调将巨石型应用拆分为由微服务组成的应用，在数据上也视情况从集中的存储拆解为更小的存储单元。而 SOA 属于企业架构的范畴，从企业架构出发把业务分解为不同领域的服务，不同物理系统提供不同服务，注重系统之间通过服务互联互通的规范，对服务如何实现并不关注。因此，面向服务架构的服务应该是一个业务意义的服务，而微服务是系统中的技术服务，更关注服务的实现，虽然提供了业务意义的服务，但是不能混为一谈。微服务使用也不是无限度的，事实上由于数据一致性等问题的限制，不能无限度拆分微服务，可以把微服务分为系统对外提供的远程服务、系统内部的远程服务和系统内部的本地服务，显式声明、明确职责。事实上，在企业架构上使用 SOA 支撑业务，而在应用技术架构上使用微服务架构，是一个合适的选择。

黄柳青博士是我和黄勇共同的导师，他在 2004 年所著的《软件的涅槃》一书中指出：“互联网时代的企业应用定义，正发生革命性的变化...横向的部门互动、实时的企业间互动、多样的交互渠道、灵活的业务规则，使得原有意义上的独立应用不复存在...对软件设计者来说，能直观地分割并具有最小内部耦合的软件结构是简约之美...美的软件是软件企业与软件开发者的终极目标”，那时候他把这种全新的软件生产模式称为“面向构件”。回头看来，微服务正是“面向构件”在数字化时代的解读，用微服务架构实现软件之美，加速企业数字化转型。

——焦烈焱，普元 CTO

专家推荐

（排名不分先后）

在几年前我们还在大谈 SOA 架构，而随着 Docker 的普及，微服务逐渐成为近年来备受关注的话题，为企业的架构治理带来了新的思路，本书从微服务的理念、开发框架，到微服务网关、注册与发现、微服务的封装与部署几个角度，较为系统地介绍了微服务的实践过程，非常值得大家参考。

——陈康贤，淘宝技术部技术专家，《大型分布式网站架构设计与实践》作者

黄勇是 InfoQ 非常知名的作者，他创作了很多优秀的内容，深得社区喜欢。本书以实践为主，内容涵盖了微服务的整个生态，推荐想转型微服务架构的同学阅读！

——郭蕾，InfoQ 主编

非常有幸结识了黄勇，并拜读了他在微服务方面的沉淀总结。从这本书的字里行间，能感受到作者对技术的热爱和厚积薄发的功力。微服务是当下技术架构的演化方向，但并非选用了一种框架就有了微服务，微服务更多地是工程化的底蕴和架构上的落地。黄勇以严谨、认真的笔触，井井有条地将微服务的每个细节讲述清楚并加以落地，实属难得。希望阅读本书，能给读者带来对微服务全方位的提高。

——韩陆，阿里云资深大数据架构师，《Java RESTful Web Service 实战》作者

买书分三种，一种是需要好好浏览内容才决定是否购买；第二种是看作者，只要是某人写的就可以买；黄勇的书就是第三种，兼顾了前两种，且内容接地气，结构安排合理，所以一定要买！

——红薯，开源中国创始人

软件架构的核心是管理复杂度，微服务带来的模块化、隔离性无疑是解决这一问题的一剂良药。但是一提起服务化，我们之前的印象通常是这样的：开发成本没有降低，运维成本增加了很多，需要部署很多应用，还要引入一系列重量级的中间件。实际上，时至今日，Spring Boot 和 Docker 等技术的兴起，已经使得微服务的实施变得更加容易。可惜国内并没有成体系的资料，讲解如何运用这些新技术，来搭建自己的微服务架构。作者勇哥结合了时下热门的技术，提出了一套行之有效的架构。不但简单易于落地，而且全面覆盖微服务的各个方面，对于想要实施微服务的企业具有很大参考价值。勇哥是一个资深的 blogger，讲技术有趣而不失深度。虽然书中内容跨度较大，但是仍然可以在轻松愉快的氛围中完成阅读。

——黄亿华，票牛网架构师，开源爬虫框架 WebMagic 作者

书中围绕着如何构建微服务逐渐展开，详细介绍了 Spring Boot、Node.js，以及如何使用 ZooKeeper 进行服务治理，在 Docker 上部署微服务，等等。通过这本书读者能够从零基础学习如何构建微服务应用，技术涵盖了开发、测试、运维等环节，可见作者技术功力之深厚。我将此书推荐给对微服务感兴趣的朋友们，相信你们一定能从书中获益良多，快速掌握微服务架构！

——黄哲铿，1 药网技术副总裁，《技术管理之巅》作者

It is no surprise that smart developers who have experience building systems at scale are using Spring Boot. Spring Boot makes building production-worthy systems quick and easy. I'm happy to see Leo Huang's book giving a quick look not just at Spring Boot itself but at some of the production-ready features in Spring Boot. Leo has experience building large systems at scale in Alibaba and can appreciate how important it is to build production-ready systems.

——Josh Long, Spring Developer Advocate

本书以微服务的生命周期为主线，系统地介绍了微服务技术架构的选型，微服务的开发和测试，基于 Docker 容器的部署，以及基础设施自动化和持续交付等。围绕各个环节，给出了技术选型和详尽的使用说明。对于微服务初学者，是本难得的入门好书。

——李林锋，华为软件平台开放实验室资深架构师，
《分布式服务框架原理与实践》和《Netty 权威指南》作者

低耦合、分而治之的思想贯穿人类软件开发的全部历史，在目前阶段，代表这种思想最热门的架构方法非微服务莫属。本书从实践角度，带你领略目前构建微服务的几种主要工具，一

窥微服务的个中奥秘。

——李智慧，宅米 CTO，《大型网站技术架构：核心原理与案例分析》作者

黄勇老师曾出品了《程序员》之架构技术与实践的封面专题，对架构和新技术有着深入的理解和浓厚的兴趣。在一年前的面访中，就巨细谈及了贵司的微服务实践，本书必是一年多来宝贵经验的总结。同时，在社区和技术大会里上，微服务话题往往受到热捧，聚焦实践的本书，有帮助于将概念化的技术落地，是一本不可多得且适合国内开发者学习的好书。

——钱曙光，CSDN 资深编辑/记者，多年关注互联网架构领域

SOA 从企业级应用到互联网领域火了很多年，曾经是我招聘架构师的必考题目之一，但 SOA 在大型系统的落地从来都是高难度动作，令许多架构师欲仙欲死。如今又兴起了微服务架构，要把 SOA 进行到底，实现彻底的服务化，从此世间再无系统切分，只有微服务小而美好。那么到底如何实现微服务呢？黄老师这本书教我们轻松上手，一步步把理想变成现实，体现出多年实战派的底蕴，是一本不可多得的武功秘籍，期待下半部早日面世！

——史海峰，当当网架构部总监

近年来，微服务俨然成为行业内广受关注的热点。不论是微服务的价值，还是微服务的阻碍，都是行业在架构技术选型中最为关心的前提。除此之外，技术的践行流程，对现有组织架构、软件模式的影响，都是决策者不敢忽视的要素。我很庆幸看到，国内能诞生这本微服务领域的巨著。本书从架构发展史的角度，阐述了微服务兴起的客观性与必然性；从技术的角度，深入分析了践行微服务的种种要点；更从实践的角度，通过案例事无巨细地帮助读者去体会、理解、掌握微服务。实属呕心沥血之作，极力推荐大家阅读。

——孙宏亮，DaoCloud 技术合伙人，《Docker 源码分析》作者

黄勇的这本书从微服务实操的角度，通过在微服务架构体系的不同关注点，选择多样而务实的技术栈，为大家全方位地阐述了微服务架构体系的各种最佳实践，对微服务感兴趣的同学不容错过。

——王福强，《Spring 揭秘》和《Spring Boot 揭秘》作者

微服务架构，虽然诞生时间不长，却已成为软件架构领域讨论的热点。微服务的概念看似简单，但涉及诸多方法论和实践积累，这就是为什么有人说它非常好，但就是“玩不起”。随着微服务生态系统的日趋完善，微服务架构的讨论也从 API 接口、服务间通信、接口测试、基础设施自动化等，逐渐扩展到了 API 网关、微服务的注册与发现、Docker 封装与部署、持续交付以及运维体系的优化等多方面。本书结合作者过去多年的实战经验，深入浅出地梳理了微服务构建过程中遇到的诸多挑战，并给出了切实可行的解决方案（如何使用 Spring Boot 构建服务、使用 ZooKeeper 注册服务，如何结合 Docker 封装服务和发布服务等），是一本能帮助读者立刻动手、落地微服务的好书。同时，作者从开发和运维两个角度入手，详细地剖析了微服务实施过程中，如何有效解决“最后一公里”的部署以及运维难题。纵览全书，说理清楚，图文并茂，理论结合实际，是一本非常用心，又注重实操的好书，对企业的微服务架构实施，具有很大的参考意义，相信企业的架构师、软件开发人员、运维人员读完这本书一定会受益匪浅。

——王磊，尚度元科技 CTO，《微服务架构与实践》作者

微服务是近几年的一大热点，其模块化、跨语言和自治隔离等思想，有望大幅降低研发和运维成本。微服务架构，无论对传统企业，还是互联网公司，都会有很大影响。黄勇老师结合了 Spring Boot、Jenkins 和 Docker 等热点技术，对微服务的整个生命周期做了全面介绍，通俗易懂、深入浅出，致力于打造微服务领域最佳实践，不失为一本好书。

——吴其敏，携程框架研发部高级总监，开源分布式实时监控系统 CAT 作者

当今，微服务已经不是概念，而是势不可挡的潮流，它在大型互联网电商类企业，已有丰富的实践，效果很好。但对于其他有志于向微服务架构转型的技术爱好者，微服务如何落地还存在很多不清楚的地方，本文从细节入手，结合具体实例，娓娓道来，为大家提供一个很好的微服务实践参考，带领大家走进微服务之门。

——王庆友，1 号店首席架构师，现独立架构顾问，《架构的本质》作者

软件开发从来没有银弹，微服务也不是。我认为微服务本质上是要解决一个可伸缩性的问题，以应对访问的增加、业务复杂度的增加和开发团队人员的增加。黄勇在本书中详细解释了实践微服务必须要面对的架构模式，包括服务注册与发现、API 网关、以及简单部署系统的搭建，并辅以样例代码，对于正面临可伸缩性问题的开发人员有很大的参考价值。

——许晓斌，阿里巴巴高级技术专家，《Maven 实战》作者

近年来，软件开发领域的新思想、新方法、新工具、新实践层出不穷。简直有令人应接不暇、目眩神迷的感觉。要想走出这团迷雾，微服务是纲，容器化、自动化运维、自动化部署、服务监控与治理等等，都是目。通过阅读本书，纲举目张，则一切将尽在掌握！

——庄表伟，华为内源平台架构师，《开源思索集》作者

随着移动互联网的崛起，Web 网关越来越重要，本书从 Web 网关的视角带领大家学习微服务架构。通过本书可以学习到如何使用 Spring Boot 与 Docker 等技术构建 Web 型微服务架构，值得 Web 开发人员学习。

——张开涛，“开涛的博客”博主

微服务是最近几年在架构方面比较热的一个话题，本书从概念到具体的落地，比较系统地介绍了微服务从构建到部署等环节的知识和具体方案，是了解和学习微服务相关技能的一本好书。

——曾宪杰，美丽联合集团副总裁，《大型网站系统与 Java 中间件实践》作者

读者推荐

分合："凡用兵之法，三军之众，必有分合之变"——语出《六韬之犬韬》，"分合"乃御变之道。当下盛行的微服务技术无非是在"分"与"合"层面的实践与细化。由上层来俯视下层为"分"，由下层来仰视上层为"合"；由外而内为"分"，由内而外为"合"；"分"即是"合"，"合"即是"分"；当"分"则"分"，当"合"则"合"，合乎自然。极力推荐对微服务架构感兴趣的朋友们来品读一下黄勇老师的这部新作，以领略"分合"之妙。

——杨新伦，饿了么资深工程师

上善若水，水善利万物而不争，故几于道！黄勇老师之前的架构探险一书可谓善利万人，一时洛阳纸贵。而这本微服务架构，更是从开章的循循善诱，到后来的深入浅出，无不体现了黄勇老师的丹青妙笔与渊博学识，极力推荐对微服务感兴趣的朋友们，值得一观。

——流浪狗，架构探险读者俱乐部资深群友

第一次阅读黄勇老师的书籍是《架构探险——从零开始写 Java Web 框架》，该书一切都是从零开始基于 Servlet 搭建一款轻量级 Java Web 框架。作为一名 Java Web 程序员，平时都只是使用 Java Web 框架，知其然；一口气读完本书，Step by Step 让框架跑起来，从而对架构有了更深入的理解，知其所以然，并将其架构思想成功地应用于实际工作中，卓有成效，受益匪浅。随着 RESTful、DevOps、服务解耦等概念的推广流行，微服务架构逐渐成为大型系统架构的一种趋势。黄老师推出的新书通过揭秘 Spring Boot 快速构建微服务体系，着实详解了服务的注册与发布、封装部署、日志监控、服务治理等微服务的方方面面，教授大家手把手的微服务搭手入门。读完样章，觉得依然不错，推荐给大家。希望能早日拿到实体书，继续在微服务架构中探险。

——mickey，沉迷于十余年开发的南航集团软件工程师在伟人的实践论中，有这样一句话，“真理的标准只能是社会的实践”。微服务的概念早就已经火遍大江南北了，可是纸上得来终觉浅，绝知此事要躬行。到底什么是微服务？到底怎么做微服务？到底选哪本书？走过路过不要错过，看黄勇老师为你庖丁解牛，轻量级微服务架构，有这一本足矣。

——齐鑫，寺库网开发主管

Java 服务端开发最大的障碍是资源太多，变化太快，很多开发者一上来就会被各种名词的海洋弄得晕头转向，往往只能照猫画虎，而不能真正掌握其中的奥义，造成 Java 服务端开发这个领域初级程序员多，能够成长为独担一面的架构师的寥寥无几。黄勇的《架构探险》系列则是深入本质，从实际的业务场景出发，一步一步地用代码和框架去解决问题，十分接地气。我认为是国内少有的优秀技术图书，读来收获满满，推荐给所有想成为架构师的程序员。

——何小敏，广联达科技股份有限公司架构师

黄勇老师这本书，不仅从宏观角度给我们介绍了什么是微服务架构，更重要的是从微观角度教会我们如何搭建一款轻量级微服务架构，全书深入浅出，给我们带来了淋漓快感，读完样章后仍旧意犹未尽，值得大家反复阅读和实践。

——快枪手，伪全栈工程师

前言

微服务是近年来备受关注的话题，它的出现让我们想起了十年前的 SOA（Service-Oriented Architecture，面向服务架构），但它比传统的 SOA 更容易理解，也更容易实践，它将“面向服务”的思想做得更加彻底。

当国外一些知名技术公司成功实践了微服务以后，这股热潮就吹遍了国内的大街小巷，大家街头巷尾都在聊微服务，对它众说纷纭且褒贬不一。有人说它非常好，但就是“玩不起”，为何会这样呢？

我们不妨带着这个问题来简单介绍一下，究竟什么才是微服务。

微服务是一种分布式系统架构，它建议我们将业务切分为更加细粒度的服务，并使每个服务的责任单一且可独立部署，服务内部高内聚，隐含内部细节，服务之间低耦合，彼此相互隔离。此外，我们根据面向服务的业务领域来建模，对外提供统一的 API 接口。微服务的思想不只是停留在开发阶段，它贯穿于设计、开发、测试、部署、运维等软件生命周期阶段。

可见，我们提到的微服务，实际上是一种架构思想，我们不妨称它为“微服务架构”。

微服务架构看起来如此之好，我们真的就需要它吗？

微服务架构建议我们按照业务来切分服务，我们完全可以选择最合适的技术来实现具体的服务，只需确保对外提供的 API 接口保持一致即可，也就是说，微服务架构使我们技术选型的自由度更加宽广了。既然系统可拆分为多个服务，这样非常有利于我们对每个服务进行监控，可不断收集每个服务的性能指标数据，当某个服务出现性能瓶颈时，会发出预警，我们可随时水平地扩展该服务，以支撑更大的流量，而不至于复制整个系统。由于服务之间彼此隔离，相互之间不会产生影响，因此我们可借助技术的手段来实现自动化部署，这会使我们的部署过程变得更加高效。

其实微服务架构的优点数不胜数，但是大家可能还是不敢用，因为它对我们的技术要求具有一定的挑战。比如，我们需要一个自动化部署系统，也需要解决分布式系统带来的一系列问题，还需要服务之间能做到彼此隔离且互不影响，同时还不能影响通信过程中所带来的性能开销。因此很多人认为，只有大公司或强悍的技术团队才能玩得起微服务架构，自己只能“远观”

却不能“近玩”。甚至还有人认为，微服务架构实际上就是以前谈论多年而难以落地的 SOA。

实际上，我们认为微服务架构的本质仍然符合 SOA 思想，只不过它比 SOA 更容易落地。为了证明这件事情，我们经过了大量的实践，借助了许多优秀的开源技术，搭建了一款“轻量级微服务架构”。实践证明，该架构不仅可以适应大中型公司的业务变化，还能满足中小型公司的快速增长。我们真心地希望这款轻量级微服务架构能够帮助更多的技术爱好者以及更多的技术团队，顺利地走出技术困境，以全新的视角去迎接新的挑战。

不得不提醒大家的是：微服务并不是万灵丹！它不能包治百病，我们更不要为了微服务而去微服务。而是需要根据自身的情况，灵活地选择最合适的技术，通过技术的手段实现更高的目标。

为什么写这本书?

我一直很关注服务化方面的技术，记得在 2014 年，我偶然发现国外技术博客中有人在写关于“微服务”方面的概念与技术。坦白地讲，当我第一次看到微服务时，并没有对它产生浓厚的兴趣，我当时认为微服务是笨重的，它和传统的 SOA 没有太大的区别，同样都是服务化，只不过微服务更加细粒度而已。直到 Docker 容器技术逐步成熟起来，越来越多的人开始使用 Docker 来封装应用程序，并借助 Docker 技术让软件交付变得更加灵活而高效，这让我不由地对微服务的未来产生了强烈的期待，我坚信微服务将伴随着 Docker 技术成为未来软件开发与运维的核心武器。

我开始疯狂地学习微服务，研究它的各种架构模式与应用领域，开始自己动手做一些练习，并在公司内部大力推广这种新架构。在实践中，我获得了一点收获，曾在一些技术大会与企业内训中讲过微服务的原理与实践。我发现一个问题，虽然大家对微服务都非常关注，但往往却不知应该如何开始，应该使用哪些技术来搭建微服务架构，以及在实践中应该如何避免掉进坑里。甚至有些人还认为微服务只是大公司才玩得起的东西，因为它需要借助像 SOA 那样重量级的基础设施，需要付出大量的成本，但收益却不一定。其实，我想告诉大家的是，微服务架构并非这样，它应该是轻量级的，它应该是很容易上手的，它应该是任何公司想用就敢用的。虽然国内外已经有几本关于微服务方面的好书了，但我仍然希望这本书能为大家在微服务实践方面带来微薄的价值。

我们可以把微服务架构想象成海面上的一座冰山，看得见的部分是开发，看不见的部分是运维，一个好的微服务架构需要同时关注开发和运维两个方面。本系列书分上下两册，上册偏开发，下册偏运维。

您适合看这本书吗？

如果您还没听说过微服务，或者您听说了但不知道它究竟是什么，或者您正在尝试微服务的实践，那么这本书就非常适合您。不管您是一名开发人员还是一名运维人员，如果您向往成为一名优秀的微服务架构师，那么这本书更加值得您反复阅读和实践。

本书是如何组织的？

第 1 章：微服务架构设计概述。

从为什么需要微服务架构开始讲起，接着描述微服务架构是什么，以及微服务架构有哪些特点，最后以如何搭建微服务架构来结束本章。本章是全书的概述，从一个宏观的视角来讲解微服务，为后续章节搭建了一个骨架。

第 2 章：微服务开发框架。

本章我们将使用流行的 Spring Boot 来搭建微服务开发框架，对 Spring Boot 是什么，以及如何使用 Spring Boot 都做了描述，此外还对 Spring Boot 的重要产品级特性做了相关介绍。通过学习本章，大家可掌握 Spring Boot 的基本使用方法，并具备开发微服务接口的技能。

第 3 章：微服务网关。

本章我们将学习 Node.js 技术，描述 Node.js 是什么，以及如何使用 Node.js，此外还对 Node.js 的重要高级特性做了补充。最后我们将使用 Node.js 搭建一个微服务网关基础框架，后续章节会对此框架进行扩展。

第 4 章：微服务注册与发现。

本章我们将学习 ZooKeeper 框架，从认识 ZooKeeper 开始，到如何使用 ZooKeeper。最后我们将使用 ZooKeeper 实现一个简单的服务注册组件，并结合第 3 章中介绍的微服务网关框架，使用 Node.js 实现一个服务发现组件。

第 5 章：微服务封装。

本章我们将学习 Docker 技术，从了解 Docker 是什么开始，到如何使用 Docker，并通过手工和 Dockerfile 的方式构建 Docker 镜像，此外还会介绍 Docker Registry 的使用方法，最后将以 Spring Boot 与 Docker 做一个整合来结束本章。通过学习本章，大家可熟练使用 Docker，为后续自动化运维提供基础。

第 6 章：微服务部署。

本章是上册的最后一章，我们将使用 Gitlab 管理项目源码，使用 Jenkins 搭建持续集成系统，最后基于 Jenkins + Gitlab + Docker 搭建一款微服务的自动化部署平台。通过学习本章，大家可将开发与部署更加高效地衔接起来。

我要致谢的人

我要把这本书送给我的女儿，虽然她根本就看不懂，因为她只有三岁。记得在她刚出生那年，我开始写技术博客；在她一岁那年，我开始做开源项目；在她两岁那年，我开始写自己的第一本书；在她三岁之时，这本书出版了。为了自己的事业，我借用了陪伴她成长的时间，这个时间是我这辈子都无法偿还给她的，希望她长大后能看到我送给她的这本书，或许她会理解我现在所做的一切。

我最想感谢的人还是我的妻子，她为了料理家务和照顾女儿，选择放弃自己的事业，全力支持我的事业，这种“放弃自己，成全他人”的精神，我是无法做到的。我有这样的好妻子，让我感到无比骄傲，同时我也需要给自己更高的目标，回报她对我的付出。

十年前我离开自己的家乡，独自来到上海打拼，这些年很少陪伴在自己父母的身边，因为工作太忙而遗忘了对父母的问候，我很愧疚自己所做的一切。感谢我的父母对我的无私付出，以及对我事业的认可与鼓励，希望他们看到这本书后能为我感到高兴。

感谢与我一起创业的伙伴们，大家能在一起共事是一种缘分，他们在工作上给我提供了许多帮助，和他们一起工作是我最开心的事情，我也能感受到自己在成长。他们还为本书提供了专业的建议，以及为本书提供了大量宝贵的实践经验。

感谢电子工业出版社博文视点的陈晓猛编辑，在写作过程中晓猛多次鼓励我，他曾说“写书就是登山”，每当我写不动了，想放弃了，他就会鼓励我“快到山顶了”，他无形中成为了我的“鼓励师”，让我顺利地写完了这本书。

感谢为这本书做评审的专家们，他们的专业态度让我非常感动。为了给读者提供更多的价值，他们给我提供了大量的建议，这些建议对我的帮助非常大，让我在后续写作道路上更有经验了。

感谢一直支持我的读者们，没有你们一路的陪伴，我会失去写作的动力和方向。

最后我想说的是：我并不是微服务架构专家，我只是一名微服务架构的实践者，只想把自己实践的经验分享给大家。由于本人学识有限，难免会有不足之处，还请读者不吝赐教。

黄勇

2016 年 7 月 27 日于上海

目录

第 1 章 微服务架构设计概述

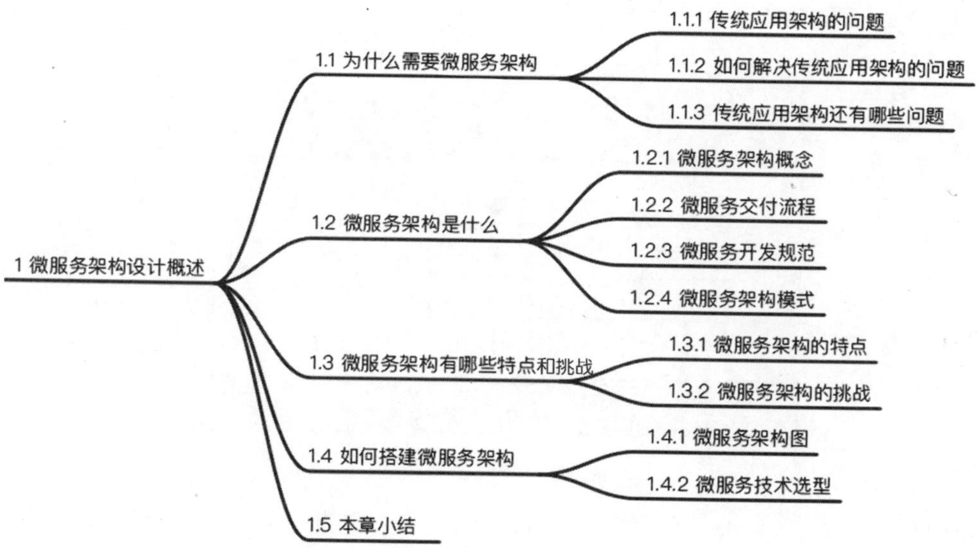

自从 Martin Fowler（马丁）在 2014 年提出了 Micro Service（微服务）的概念后，业界就卷起了一股关于微服务的热潮，大家谈论多年的 SOA（Service-Oriented Architecture，面向服务的架构）终于有了新的解决方案，人们不再需要笨重的 ESB（Enterprise Service Bus，企业服务总线）。恰逢 Docker 技术逐渐普及，一个崭新的轻量级 SOA 架构 MSA（Micro Service Architecture，微服务架构）伴随着 Docker 容器技术正向我们携手走来。

1.1 为什么需要微服务架构

微服务架构（MSA）的出现绝对不是偶然的，由于传统应用架构的不合理，从而产生了新的架构模式，这类现象再正常不过了。那么，传统应用架构究竟有哪些问题呢？下面为大家做一个简单的分析。

1.1.1 传统应用架构的问题

图 1-1 是一个经典的 Java Web 应用程序（见图中 Webapp），它包括 Web UI 部分，还包括若干业务模块，就像这里出现的 Module A、Module B、Module C 等。

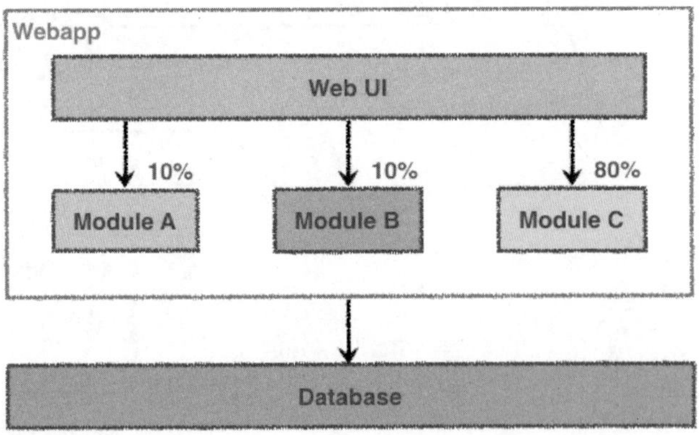

图 1-1 传统应用架构

Web UI 与这些 Module 封装在一个 war 包中，需要将此 war 包部署到 Web Server（例如 Tomcat）上才能运行，该应用程序会连接到 Database（例如 MySQL）上操纵数据。

在系统运行过程中，我们通过监控程序发现，Module A 与 Module B 都需要消耗 10% 的系统资源，加起来才占总系统资源的 20%，而 Module C 却要占用 80% 的系统资源。运行一段时间后，Module C 就会成为整个系统的瓶颈，从而降低系统的性能。

那么，如何才能解决这类问题呢？人们想到了一个简单的办法。

1.1.2 如何解决传统应用架构的问题

只需将这个应用程序复制一份同样的程序，并将其部署到另一台 Web Server 上，下方还是连接到同样的 Database，只是在这些 Web Server 的上方架设一台 Load Balancer（负载均衡器，简称 LB），可见应用程序进行了“水平扩展”，如图 1-2 所示。

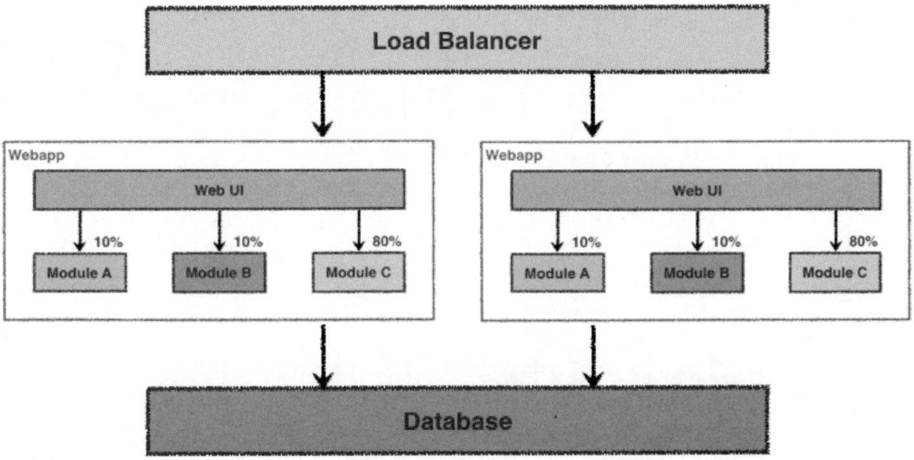

图 1-2 传统应用架构——水平扩展

请求会先发送到 LB 上，通过 LB 上的路由算法（例如轮询或哈希），将请求转发到后面具体的 Web Server 上，这类请求转发技术被称为 Reverse Proxy（反向代理）。

由于进入 LB 的请求（流量）被均衡到下方各台 Web Server 中了，流量得到了分摊，负载得到了均衡，因此该技术也称为 Load Balance（负载均衡）。

如果流量加大，我们还可以继续水平扩展更多的 Web Server，该架构理论上可以无限扩展，只要 LB 扛得住巨大的流量就行。

通过以上技术方案，轻松地将负载进行了均衡，在一定程度上缓解了流量对 Web Server 的压力，但此时却造成了大量的系统资源浪费，比如对系统资源占用率不高的 Module A 与 Module B 也进行了水平扩展，其实我们只想对 Module C 进行水平扩展而已。

除了水平扩展方案带来的系统资源浪费，实际上传统应用架构还有其他问题，下面我们继续讨论。

1.1.3 传统应用架构还有哪些问题

传统应用架构实际上是一个 Monolith（单块架构），因为整个应用都封装在一个 Webapp

中，就像是巨石一块，无法拆分，我们所做的水平扩展也只是在扩展一块块的巨石。为了便于表达，我们不妨将单块架构搭建的应用简称为“单块应用”。

我们在部署单块应用的时候，同样也会遇到许多麻烦，比如：

- 修改了一个 Module（可能只是修改了一行代码），就需要部署整个应用；
- 部署整个应用所消耗的时间与对系统带来的性能开销都是非常多的。

此外，对于 Java Web 应用而言，打包在 war 包里的代码一般都是 class 文件，这也就意味着，我们的单块应用只是基于 Java 语言开发的，无法将该应用中某个 Module 通过其他开发语言来实现（假如我们不考虑在 JVM 上运行动态语言的情况下），也许其他开发语言实现某个模块会更加合适，这样就会产生技术选型单一的问题。

综上所述，传统应用架构存在以下问题：

- 系统资源浪费；
- 部署效率太低；
- 技术选型单一。

当然，传统应用架构的问题还远远不止这些。当业务变得越来越复杂时，应用会变得越来越臃肿，“身材”越来越“胖”，而且无法瘦身。于是，人们找到了新的思路来解决传统应用架构的问题，这就是微服务架构。

那么，微服务架构究竟与传统应用架构有何区别呢？我们接着探讨。

1.2 微服务架构是什么

微服务架构从字面来理解就是：许多微小的服务搭建的应用架构。

这句话涉及了许多问题，我们需要逐一探讨，比如：

- 服务需要多“微”才能叫微服务？
- 如何管理越来越多的微服务？
- 客户端怎样调用这些微服务？

我们带着这些问题，开始下面的讨论，首先我们来看看如何定义微服务架构。

1.2.1 微服务架构概念

当马丁大神提出微服务架构这个概念时，同时他也对微服务架构提出了几条要求，也就是说，当我们的应用满足以下要求时，才能称为微服务架构，具体要求包括：

- 根据业务模块划分服务种类；
- 每个服务可独立部署且相互隔离；
- 通过轻量级 API 调用服务；
- 服务需保证良好的高可用性。

我们简单地分析一下：首先根据产品的业务功能模块来划分服务种类，也就是说，我们需要按照业务功能去划分种类，这是“垂直划分”；而在代码层面进行划分，这是“水平划分”。每个服务可以独立部署，还需要相互隔离，也就是说，服务之间是没有任何干扰的，可将每个服务放入独立的进程中运行，因为进程之间是完全隔离的。客户端通过轻量级 API 来调用微服务，比如可通过基于 HTTP 或 RPC 的方式来调用，目的是为了降低调用所产生的性能开销。服务需要确保高可用性，不能长时间无法响应，需要提供多个“后补队员”，在某个服务出现故障时，可以自动调用其中一个正常工作的服务。

微服务架构颠覆了传统应用架构的模式，若不定义良好的交付流程与开发规范，则很难让微服务架构发挥出真正的价值，下面我们先来看看微服务架构的交付流程。

1.2.2 微服务交付流程

使用微服务架构开发应用程序，我们实际上是针对一个个微服务进行设计、开发、测试、部署，因为每个服务之间是没有彼此依赖的，大概的交付流程如图 1-3 所示。

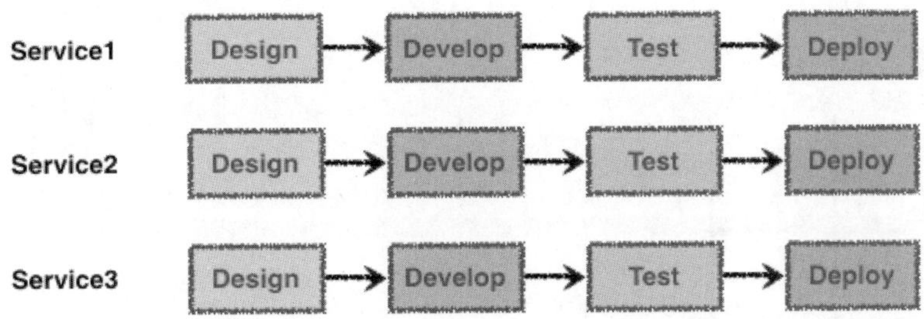

图 1-3 微服务交付流程

在设计阶段，架构师将产品功能拆分为若干服务，为每个服务设计 API 接口（例如 REST API），需要给出 API 文档，包括 API 的名称、版本、请求参数、响应结果、错误代码等信息。在开发阶段，开发工程师去实现 API 接口，也包括完成 API 的单元测试工作。在此期间，前端工程师会并行开发 Web UI 部分，可根据 API 文档造出一些假数据（我们称为“mock 数据”）。这样一来，前端工程师就不必等待后端 API 全部开发完毕，才能开始自己的工作。在测试阶段，前后端工程师分别将自己的代码部署到测试环境上，测试工程师将针对测试用例进行手工或自动化测试，随后产品经理将从产品功能上进行验收。在部署阶段，运维工程师将代码部署到预发环境中，测试工程师再次进行一些冒烟测试，当不再发现任何问题时，经技术经理确认，运维工程师将代码部署到生产环境中，这一系列的部署过程都需要做到自动化，才能提高工作效率。

需要注意的是，以上过程看似需要多种角色的工程师参与，实际上并非每种角色都对应具体的工程师。往往在小团队里，一名工程师可兼任多种角色，这些都是正常现象。只是对于大团队而言，分工比较明确，更容易实施这套交付流程。

在以上交付流程中，开发、测试、部署这三个阶段可能都会涉及对代码行为的控制，我们还需要制定相关的开发规范，以确保多人能够良好地协作。

1.2.3 微服务开发规范

无论使用传统应用架构，还是微服务架构，我们都需要定义良好的开发规范。经验表明，我们需要善用代码版本控制系统。就拿 Git 来说，它很好地支持了多分支代码版本，我们需要利用这个特性来提高开发效率，图 1-4 就是一款经典的分支管理规范。

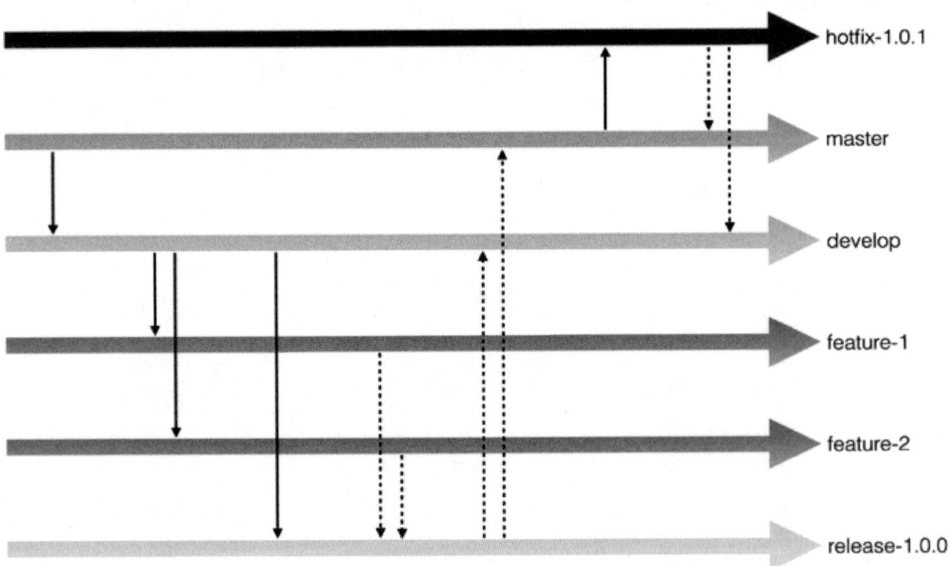

图 1-4 微服务开发规范

最稳定的代码放在 master 分支上（相当于 SVN 的 trunk 分支），我们不要直接在 master 分支上提交代码，只能在该分支上进行代码合并操作，例如将其他分支的代码合并到 master 分支上。

我们日常开发中的代码需要从 master 分支上拉一条 develop 分支出来，该分支所有人都能访问，但一般情况下，我们也不会直接在该分支上提交代码，代码同样是从其他分支合并到 develop 分支上去的。

当我们需要开发某个特性时，需要从 develop 分支上拉出一条 feature 分支，例如 feature-1 与 feature-2，在这些分支上并行地开发具体特性。

当特性开发完毕后，我们决定发布某个版本了，此时需要从 develop 分支上拉出一条 release 分支，例如 release-1.0.0，并将需要发布的特性从相关 feature 分支一同合并到 release 分支上，随后针对 release 分支部署测试环境，测试工程师在该分支上做功能测试，开发工程师在该分支上修改 bug。待测试工程师无法找到任何 bug 时，我们可将该 release 分支部署到预发环境中。再次验证以后，如无任何 bug，此时可将 release 分支部署到生产环境中。待上线完成后，将 release 分支上的代码同时合并到 develop 分支与 master 分支上，并在 master 分支上打一个 tag，例如 v1.0.0。

当在生产环境中发现 bug 时，我们需要从对应的 tag 上（例如 v1.0.0）拉出一条 hotfix 分支（例如 hotfix-1.0.1），并在该分支上进行 bug 修复。待 bug 完全修复后，需将 hotfix 分支上的代码同时合并到 develop 分支与 master 分支上。

对于版本号我们也有要求，格式为：x.y.z，其中，x 用于有重大重构时才会升级，y 用于有新的特性发布时才会升级，z 用于修改了某个 bug 后才会升级。

针对每个服务的开发工作，我们都需要严格按照以上开发规范来执行。

实际上，我们使用的开发规范是业界知名的 Git Flow，可通过以下博客地址了解 Git Flow 的详细过程：

http://nvie.com/posts/a-successful-git-branching-model/。

此外，在 GitHub 中有一个基于以上 Git Flow 的命令行工具，名为 git-flow，其项目地址如下：

https://github.com/nvie/gitflow。

我们已经对微服务架构的概念、交付流程、开发规范进行了描述，下面我们大致归纳一下微服务有哪些特点。

1.2.4　微服务架构模式

世界著名软件大师 Chris Richardson（克里斯）创建了一个总结微服务架构模式的网站。该网站上列出了大量的微服务架构模式，分为：核心模式、部署模式、通信模式、服务发现模式、数据管理模式等。该网站地址如下所示。

微服务架构模式网站：http://microservices.io/。

我们将在本书中借鉴许多克里斯总结的微服务架构模式，也会对某些设计模式加以变化，使之变得更加容易落地。

克里斯也是 Cloud Foundry 的创始人，微服务架构领域的世界级权威，他经常会来中国为我们分享他的宝贵经验。

1.3 微服务架构有哪些特点和挑战

微服务架构相对于传统应用架构有着显著的特点，同时微服务架构也给我们带来了一定的挑战，我们先从它的特点开始说起。

1.3.1 微服务架构的特点

1. 服务颗粒化

微服务的粒度是根据业务功能来划分的，对于某些复杂的业务来说，可能粒度较大，对于相对简单的业务而言，可能粒度较小。总之，微服务的粒度可大可小，但往往我们更希望它尽可能的小，但又不希望微服务之间有直接的依赖，因此粒度的划分是一件非常考验架构师水平的事情。

2. 责任单一化

我们需要确保每个微服务只做一件事情，也就是我们经常提到的“单一职责原则”，该原则对微服务的划分提供了指导方针。如果我们将一个服务提供多个 API，那么就要确保每个 API 必须做到责任单一性。

3. 运行隔离化

每个服务相互隔离，且互不影响。也就是说，每个服务运行在自己的进程中。众所周知，进程之间是隔离的，是安全的，而进程内部或线程之间的资源是共享的。换句话说，一个服务出了问题，不会影响到其他微服务。

4. 管理自动化

随着业务功能不断增多，服务的数量也会逐渐增加，我们需要对服务提供自动化部署与监控预警的能力，这样才能更加高效地管理这些服务。需要注意的是，我们必须借助自动化技术，才能确保管理服务变得更加容易。

微服务架构的特点非常明显，可能还有很多，但同时微服务架构也给我们带来了许多挑战。

1.3.2 微服务架构的挑战

1. 运维要求较高

运维工程师除了需要使用自动化技术来部署微服务，还需要对整个微服务系统进行有效的监控，并保障系统的高可用性。可见，微服务架构的引入会带来运维成本的上升。

2. 分布式复杂性

微服务架构的本质还是一个分布式架构，每个服务可以部署在任意的机器上。对于分布式系统而言，网络延迟、系统容错、分布式事务等问题都会给我们带来很大的挑战。

3. 部署依赖较强

对于业务复杂的情况，可能存在多个服务来共同完成一件事情，服务之间虽然没有相互调用，但可能会有调用的顺序性要求。业务上的依赖性导致了部署的依赖性，从而在某一时间点，同一微服务可能具备多个版本。

4. 通信成本较高

既然服务是隔离在自己的进程中运行的，那么从客户端调用微服务，需要跨进程间进行调用，而进程间的调用一定比进程内的调用更加消耗资源，从而带来通信成本上的开销。

1.4 如何搭建微服务架构

可见，微服务架构的要求还是相当高的，不仅仅对技术，而且对运维都有很高的要求，我们需要设计出一款简单易用的轻量级微服务架构来满足自身的需求，下面用一张图来描述一下我们对微服务架构的愿景。

1.4.1 微服务架构图

微服务架构图如图 1-5 所示。

我们不妨从下往上来理解这张图。底层部署了一系列的 Service，每个 Service 可能有自己的 DB，或者多个 Service 公用一个 DB，且同一个 Service 可部署多个。当 Service 启动时，会自动将其信息注册到 Service Registry（服务注册表）中，比如：每个服务的 IP 与端口。当 Web UI 上发出请求时，该请求会发送到 Service Gateway（服务网关）中，Service Gateway 读取请求数据，并从 Service Registry 中获取对应 Service 的信息（IP 与端口），最后 Service Gateway 主动去调用下面对应的 Service。整个过程就是这样，其中 Service Registry 与 Service Gateway 担当了重要的角色。

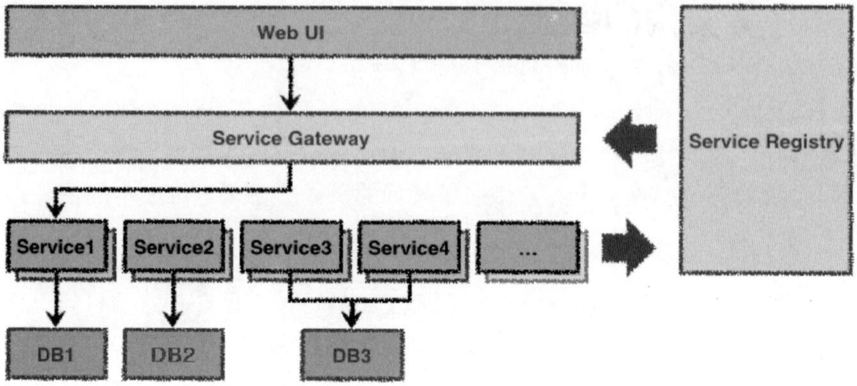

图 1-5 微服务架构图

可能大家会认为 Service Gateway 将成为一个中心，会造成单点故障。没错，完全有这个可能，所以我们需要将它做得越“薄”越好，所以我们在技术选型上，需要谨慎考虑。

此外，对于 Service Registry 的高可用性也有很高的要求，它不仅需要在每个 Service 启动时提供“服务注册”，还需要在 Service Gateway 处理每个请求时提供“服务发现”。如果它失效了，整个系统将无法工作。

看来搭建微服务架构确实需要在技术选型上做一些考究，需要找到最适合的“演员”把这场“戏”演好。

1.4.2 微服务技术选型

我们可使用 Spring Boot 作为微服务开发框架，Spring Boot 拥有嵌入式 Tomcat，可直接运行一个 jar 包来发布微服务，此外它还提供了一系列“开箱即用”的插件，可大大提高我们的开发效率，我们也可以去扩展更多的插件。

在发布微服务时，可连接 ZooKeeper 来注册微服务，实现“服务注册”。实际上 ZooKeeper 中有一个名为 ZNode 的内存树状模型，树上的节点用于存放微服务的配置信息。使用 Node.js 处理浏览器发送的请求，在 Node.js 中连接 ZooKeeper，发现服务配置，实现“服务发现”，有大量的 Node.js 的 ZooKeeper 客户端可以完成这个任务。

通过 Node.js 将请求转发到 Tomcat 上，实现“反向代理”，同样也有大量的 Node.js 库可供我们自由选择。Node.js 的“单线程模型”且“非阻塞异步式 I/O”特性，通过“事件循环”的方式来支撑大量的高并发请求，此外 Node.js 原生也提供了集群特性，可确保高可用性。

为了实现微服务自动化部署，我们可通过 Jenkins 搭建自动化部署系统，并使用 Docker 将服务进行容器化封装。

综上所述，微服务架构技术选型如下所示。

Spring Boot：http://projects.spring.io/spring-boot/。

ZooKeeper：http://zookeeper.apache.org/。

Node.js：https://nodejs.org/。

Jenkins：https://jenkins.io/。

Docker：https://www.docker.com/。

我们不妨通过一张关系图来归纳一下微服务架构技术选型，如图 1-6 所示。

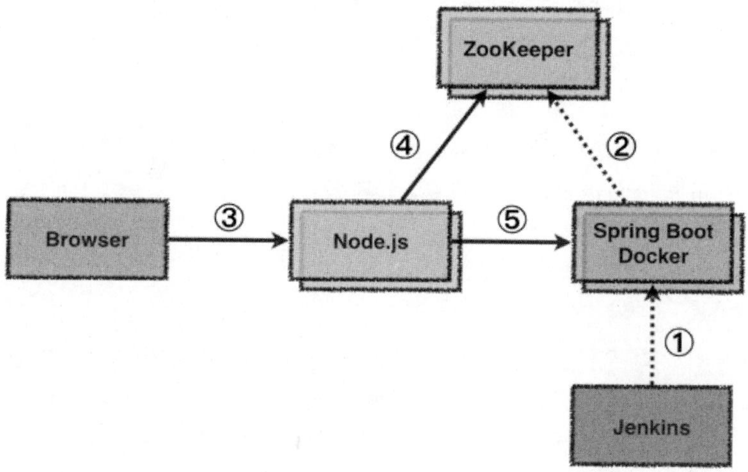

图 1-6　微服务架构技术选型

① 使用 Jenkins 部署服务。

② 使用 Spring Boot 开发服务

③ 使用 Docker 封装服务。

④ 使用 ZooKeeper 注册服务。

⑤ 使用 Node.js 调用服务。

除了以上的技术选型以外，实际上还有其他可选择的方案，比如 Netflix 公司开源的微服务技术栈。

```
Netflix：http://netflix.github.io/。
```

Spring 官方在 Spring Boot 的基础上，封装了 Netflix 相关组件，提供了一个名为 Spring Cloud 的开源项目。

```
Spring Cloud: http://projects.spring.io/spring-cloud/。
```

就连曾经的 JBoss 也推出了自己的微服务框架 WildFly Swarm。

```
WildFly Swarm: http://wildfly-swarm.io/。
```

当然，JavaEE 官方也提供了自己的微服务框架 KumuluzEE。

```
KumuluzEE: https://ee.kumuluz.com/。
```

此外，还有一个轻量级 REST 框架也宣称可具备开发微服务的能力。

```
Dropwizad: https://www.dropwizad.io/。
```

以上仅为 Java 相关的微服务技术选型，其他开发语言也有自己的微服务技术栈。

微服务的春天正向我们走来，大家准备好了吗？

1.5 本章小结

本章从传统应用架构所产生的种种问题开始，讲到微服务架构的由来与概念，以及微服务架构的特点与挑战。我们提出了一种轻量级微服务架构设计，以及实现该架构的开源项目，此外还有其他开源组织提供的微服务架构技术选型。我们坚信微服务将会成为新一代 SOA 的解决方案，并伴随着容器技术一起改变计算机软件行业的未来！

下一章我们将从开发一个简单的服务开始，逐步让大家熟悉微服务的相关技术，最终我们一同将这款轻量级微服务架构实现真正落地。

第 2 章 微服务开发框架

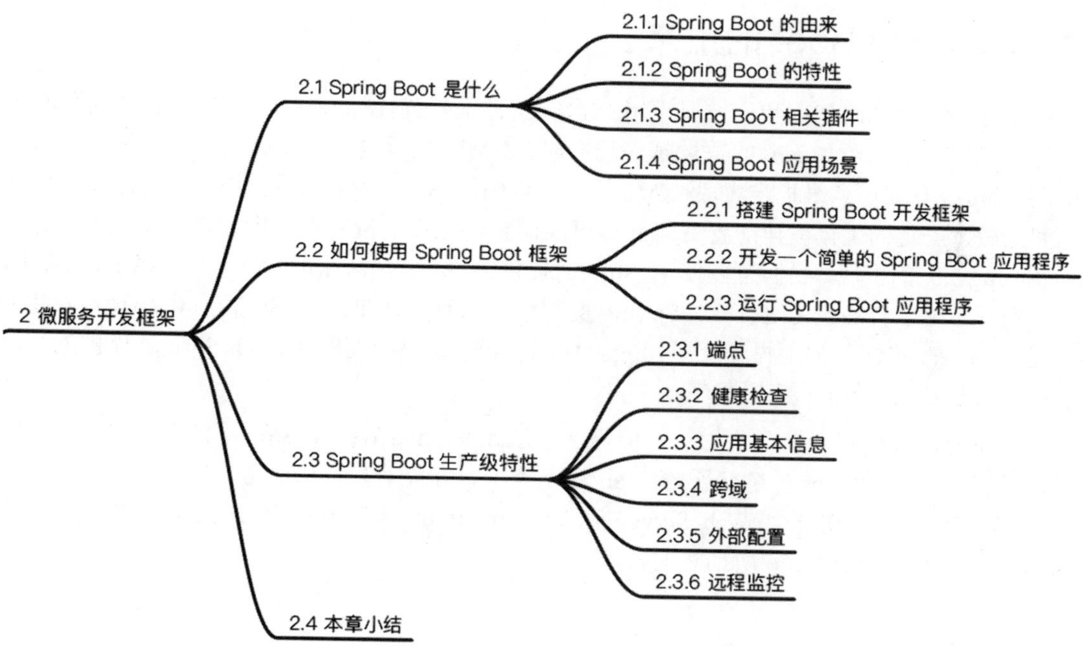
2 微服务开发框架
2.1 Spring Boot 是什么
2.1.1 Spring Boot 的由来
2.1.2 Spring Boot 的特性
2.1.3 Spring Boot 相关插件
2.1.4 Spring Boot 应用场景
2.2 如何使用 Spring Boot 框架
2.2.1 搭建 Spring Boot 开发框架
2.2.2 开发一个简单的 Spring Boot 应用程序
2.2.3 运行 Spring Boot 应用程序
2.3 Spring Boot 生产级特性
2.3.1 端点
2.3.2 健康检查
2.3.3 应用基本信息
2.3.4 跨域
2.3.5 外部配置
2.3.6 远程监控
2.4 本章小结

Spring 犹如一股春风，吹散了 EJB 对 JavaEE 绝对的统治地位。它的 IOC、AOP 等特性开启了我们对面向对象编程的新视野，让我们惊叹道：原来程序还能这样写！随着 Spring MVC 逐渐强大起来，赢得了 Java Web 应用开发较大的市场占有率。不管是 Struts 还是 Struts2 都逊色于它，就连持久层技术 Hibernate 的市场也在逐渐缩小，因为 Spring + MyBatis 早已成为市场主流。可以断言，Spring“一统江湖”指日可待。实际上，今天的 Spring 已经十多岁了，在开源世界里它已经不再年轻，给我们带来的感觉是它的体积越来越庞大，但使用起来却越来越方便。就像事先商量好的一样，Spring Boot 的诞生让开发 Spring 应用程序变得更加高效，恰巧当 Spring Boot 遇上了“微服务”之后，让我们更加意识到，微服务的春天已经悄悄到来了。

2.1 Spring Boot 是什么

Spring Boot 是为生产级 Spring 应用而生的，它使得开发 Spring 应用程序更加高效、简洁。那么，Spring Boot 具备哪些生产级特性呢？我们不妨从它的由来开始讲起。

2.1.1 Spring Boot 的由来

在 Spring 1.0 的时代，我们习惯于用 XML 文件来配置 Bean，在 XML 文件中可以轻松地进行依赖注入，但当 Bean 的数量越来越多时，XML 配置也会越来越复杂，少则上百行，多则上千行，没有人愿意维护一大段 XML 配置。紧接着 Spring 2.0 很快到来了，它在 XML 命名空间上做了一定的优化，让配置看起来尽可能简单，但仍然没有彻底地解决配置上的问题。直到 Spring 3.0 的出现，我们可以使用 Spring 提供的 Java 注解来取代曾经的 XML 配置了，似乎我们都忘记了曾经发生过什么，Spring 变得前所未有的简单。当 Spring 4.0 出现后，我们甚至连 XML 配置文件都不再需要了，完全使用 Java 源码级别的配置与 Spring 提供的注解就能快速地开发出 Spring 应用程序。

尽管 Spring 4.0 已经非常优秀了，但仍然无法改变 Java Web 应用程序的运行模式，也就是说，我们仍然需要将 war 包部署到 Web Server 上，才能对外提供服务。能否运行一个简单的 main() 方法就能启动一个 Web Server 呢？Spring Boot 满足了我们的需求，我们下面就来全面地了解一下 Spring Boot 所拥有的特性。

2.1.2 Spring Boot 的特性

1. 可创建独立的 Spring 应用程序

使用 Spring Boot 所创建的应用程序都是一个个独立的 jar 包，而并非 war 包，即使是

Web 应用也是 jar 包，这方面似乎带有一点颠覆性的味道。我们可直接运行带有 @SpringBootApplication 注解的类的 main() 方法就能运行一个 Spring 应用程序，实际上是在 Spring Boot 应用程序内部嵌入了一个 Web Server 而已。但这些并不能说明使用 Spring Boot 就不能以 war 包的形式部署到 Web Server 中了，我们同样可以使用 Spring Boot 开发传统的 Java Web 应用。

2. 提供嵌入式 Web Server（无须部署 war 包）

我们不再需要将 war 包部署到 Web Server 中，而是启动 Spring Boot 应用程序后，会在默认端口号 8080 下启动一个嵌入式 Tomcat，也可在 Spring Boot 提供的 application.properties 文件中配置具体的端口号。当然，除了 Tomcat，Spring Boot 还提供了 Jetty、Undertow 等嵌入式 Web Server，我们可根据实际情况，自行在 Maven 配置文件中添加相关的 Web Server 的插件，Spring Boot 的插件体系十分广泛。

3. 无任何代码生成技术也无任何 XML 配置

在某些开源框架中，会使用字节码生成技术（例如 CGLib、Javassist、ASM 等），在程序运行时动态地生成 class 文件并将其加载到 JVM 中，我们称这类行为叫作“代码生成技术”，在 Spring Boot 中没有使用任何的代码生成技术。此外，Spring Boot 也不再像传统 Spring 应用那样配置大量的 XML 文件，除了使用一个 application.properties 配置文件，Spring Boot 再无其他配置文件了，而且所有插件的相关配置也在这个唯一的配置文件中。

4. 自动化配置

Spring Boot 的配置都在 application.properties 文件中，但并不意味着在 Spring Boot 应用就必须包含该文件。实际上，该配置文件中包含了大量的配置项，而许多配置项都有其默认值，很多配置项我们其实都不用去修改，使用其默认值就行，这类行为叫作“自动化配置”，我们只需要使用 Spring Boot 提供的相关注解就能启动具体特性。这一特性实际上是由 Spring Boot 提供的一系列 @ConditionalOnXxx 条件注解来实现的，而底层使用了 Spring 4.0 的 Condition 接口。

5. 提供一系列生产级特性

Spring Boot 是为生产级 Spring 应用而生的，提供了大量的生产级特性，例如核心指标、健康检查、外部配置等，这类技术对微服务架构相当有价值。例如，核心指标指的是我们可以随时给 Spring Boot 应用发送 /metrics 请求，随后可获取一个 JSON 数据，包括内存、Java 堆、类加载、处理器、线程池等信息。我们还能在 Java 命令行上直接运行 Spring Boot 应用，并带上外部配置参数，这些参数将覆盖已有的默认配置参数。甚至我们还能通过发送一个 URL 请求去关闭 Spring Boot 应用，在自动化技术中会有一定的帮助。

6. 提供开箱即用的 Spring 插件

Spring Boot 提供了大量“开箱即用”的插件，我们只需添加一段 Maven 依赖配置即可开启使用。这些插件在 Spring Boot 的世界里有一个优雅的名字，叫作 Starter。每个 Starter 可能都会有自己的配置项，而这些配置项都可在 application.properties 文件中进行统一配置。

Spring Boot 是一个典型的“核心+插件”的系统架构，核心包含 Spring 最基础的功能，其他更多的功能都通过插件的方式来扩展。那么，Spring Boot 拥有哪些方面的插件呢？

2.1.3 Spring Boot 相关插件

Spring Boot 官方提供了大量插件，涉及的面非常广，包括 Web、SQL、NoSQL、安全、验证、缓存、消息队列、分布式事务、模板引擎、工作流等，还提供了 Cloud、Social、Ops 方面的支持。

此外，Spring Boot 对某项技术提供了多种选型，比如：

- SQL API——JDBC、JPA、jOOQ 等；
- 关系数据库——MySQL、PostgreSQL 等；
- 内存数据库——H2、HSQLDB、Derby 等；
- NoSQL 数据库——Redis、MongoDB、Cassandra 等；
- 消息队列——RabbitMQ、Artemis、HornetQ 等；
- 分布式事务——Atomikos、Bitronix 等；
- 模板引擎——Velocity、Freemarker、Mustache 等。

Spring 官方还提供了一个名为“Spring Initialzr”的在线代码生成器，我们只需要选择自己想要的插件，就能一键下载相应的代码框架，如图 2-1 所示。

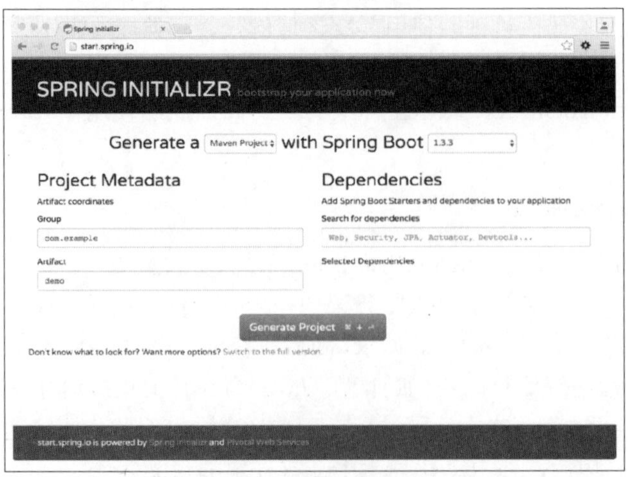

图 2-1 Spring Initialzr

Spring Initialzr: http://start.spring.io/。

就连 IDEA 也支持了 Spring Initialzr，如图 2-2 所示。

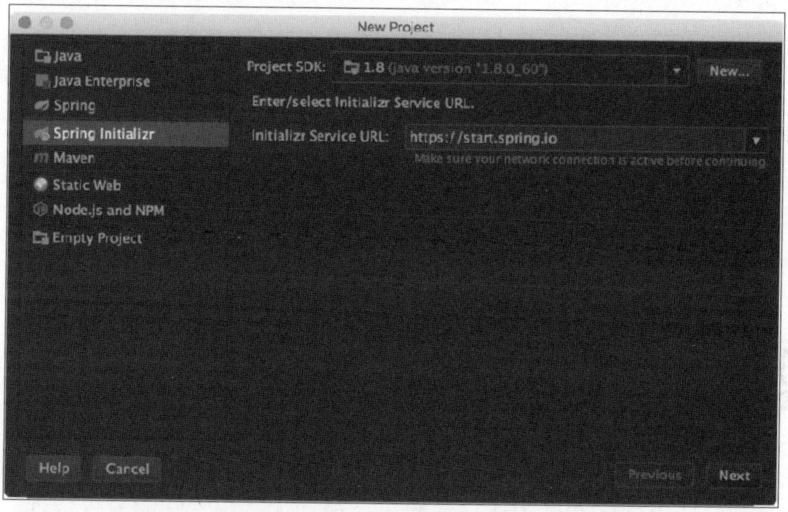

图 2-2　在 IDEA 中通过 Spring Initialzr 创建项目

Spring Boot 拥有非常强大的插件体系，如此之多的插件，让我们在开发应用程序时如虎添翼，我们可以优先从这个强大的“插件库”中选择插件，如果现有的插件不够用或者不合适，我们还可以实现自己想要的插件。

Spring Boot 所提供的功能强大且实用，但 Spring Boot 并非适合开发任何应用场景。那么，哪些应用场景比较适合使用 Spring Boot 呢？

2.1.4　Spring Boot 的应用场景

1. 传统 Web MVC 架构

传统 Web MVC 架构比较适合用 Spring Boot 来开发，View 层可使用 JSP 或其他模板引擎（例如 Velocity），从 View 层发送请求到 Spring 的 Controller，通过操纵数据库并将获取的数据封装进 Model，最后将 Model 返回到 View 中。总之，Spring MVC 能做到的，Spring Boot 都能做到，因为 Spring Boot 在更高层面上对 Spring MVC 进行了封装。

2. 前后端分离架构

在前后端分离架构中，后端可基于 Spring Boot 开发 REST API，前端通过调用 REST API 来获取 JSON 数据，从而进行视图渲染，生成最终的 HTML 界面。实际上，移动端 H5 应用我们也可采用类似的方法来实现。在前后端分离架构中，可能会遇到“跨域问题”，Spring Boot 对跨域问题也做了非常好的支持，本节我们还会进一步探讨。

3. 微服务架构

微服务架构要求我们对产品功能进行细粒度切分，且每个微服务之间需要使用轻量级技术进行通信，因此每个微服务需要对外提供轻量级 API 接口（例如 REST API），使用 Spring Boot 发布 REST API 是最方便的。此外，Spring Boot 还拥有一系列的生产级特性，它与微服务是天作之合。本节将使用 Spring Boot 开发一个简单的应用程序，但该应用程序只是微服务架构的第一步，后续章节会继续探讨。

现在大家应该了解到 Spring Boot 是什么以及它可以做什么了，下面我们再通过几个简单的示例来展示一下 Spring Boot 的基本用法，目标是让大家能够快速上手。

2.2 如何使用 Spring Boot 框架

不仅针对 Spring Boot 框架，其实学习任何框架的第一步都是搭建开发环境，然后尝试写一个“Hello World”应用程序并试图让它跑起来，最后才去探索它的若干特性。我们现在就一起来搭建一个 Spring Boot 开发框架，充分体验一下 Spring Boot 给我们的开发所带来的快乐。

2.2.1 搭建 Spring Boot 开发框架

1. 使用 IDEA 创建一个 Maven 项目

我们在 IDEA 中创建一个 Project，名称为 msa-hello，对应的 Maven 坐标为：

- groupId：demo.msa；
- artifactId：msa-hello；
- version：1.0.0。

当然，大家也可以按照自己的喜好来命名，不一定完全要与本书保持一致。

在 pom.xml 文件中添加如下 Spring Boot 的 Maven 配置：

```
<parent>
  <groupId>org.springframework.boot</groupId>
  <artifactId>spring-boot-starter-parent</artifactId>
  <version>1.3.3.RELEASE</version>
</parent>
```

通过以上配置，我们当前的应用才算是 Spring Boot 应用，该配置会继承大量的 Spring Boot 插件，但这些插件都未启用，我们下面要做的就是启用对我们有用的插件。例如，启用 Web 插件，只需继续添加如下 Maven 配置：

```
<dependencies>
  <dependency>
    <groupId>org.springframework.boot</groupId>
    <artifactId>spring-boot-starter-web</artifactId>
  </dependency>
</dependencies>
```

以上配置只需带有 groupId 与 artifactId，而无须配置 version，因为 version 已经在父 pom（spring-boot-starter-parent）中定义了，在子 pom 中默认会继承父 pom 中的 version，这是 Maven 提供的规范。

Spring Boot 也提供了相应的 Maven 插件，只需通过以下配置即可使用：

```
<build>
  <plugins>
    <plugin>
      <groupId>org.springframework.boot</groupId>
      <artifactId>spring-boot-maven-plugin</artifactId>
    </plugin>
  </plugins>
</build>
```

需要说明的是，以上 spring-boot-maven-plugin 并不是 Spring Boot 应用必须要求的，但仍然建议大家使用，下面会讲到它的具体意义。

现在 Spring Boot 开发框架已经搭建完毕，下面要做的就是开发一些简单的功能来进一步体验它，我们就以“Hello World”应用程序来讲解。

2.2.2　开发一个简单的 Spring Boot 应用程序

由于 msa-hello 应用的 groupId 是 demo.msa，因此我们需要定义一个名称也为 demo.msa 的包名，所有的 Java 代码都在该包下。

我们首先需要在 demo.msa 包下创建一个名为 HelloApplication 的类，代码如下：

```
import org.springframework.boot.SpringApplication;
```

```
import org.springframework.boot.autoconfigure.SpringBootApplication;

@SpringBootApplication
public class HelloApplication {

  public static void main(String[] args) {
    SpringApplication.run(HelloApplication.class, args);
  }
}
```

以上 HelloApplication 类不是一个普通的 Java 类，它必须拥有以下两个特点：

（1）类名上带有 @SpringBootApplication，表示它是 Spring Boot 应用。

（2）类中包含一个 main()方法，且通过 SpringApplication 类的 run() 方法去运行该类。

下面我们就来定义一个简单的 REST API，例如 GET:/hello，表示该 API 的请求方法是 GET，请求路径是 /hello，该 API 只需返回一个“Hello”字符串。

直接在 HelloApplication 类中添加如下代码：

```
import org.springframework.web.bind.annotation.RequestMapping;
import org.springframework.web.bind.annotation.RequestMethod;
import org.springframework.web.bind.annotation.RestController;

@RestController
@SpringBootApplication
public class HelloApplication {

  @RequestMapping(method = RequestMethod.GET, path = "/hello")
  public String hello() {
    return "Hello";
  }
}
```

为了对外发布 REST API，我们只需做以下三件事情：

（1）在类名上添加 @RestController 注解，表示它具备发布 RSET API 的能力，还能将每个 REST API 的返回值自动序列化为 JSON 格式。

（2）在类中添加一个 hello() 方法，并通过 @RequestMapping 注解来定义 REST API 的请求信息，包括请求类型与请求路径。

（3）完成 hello() 方法，目前只是简单地返回一个“Hello”字符串，实际上返回任何 Java 对象，且返回的 Java 对象被 JSON 序列化后返回客户端。

当然，如果我们考虑到“单一职责原则”，那么应该将 @RestController 与 @RequestMapping 注解以及所涉及的代码从 HelloApplication 类中抽取出来，将其放入单独的 Controller 类中，就像下面这样：

```
import org.springframework.web.bind.annotation.RequestMapping;
import org.springframework.web.bind.annotation.RestController;

@RestController
public class HelloController {

  @RequestMapping(method = RequestMethod.GET, path = "/hello")
  public String hello() {
    return "Hello";
  }
}
```

对于 GET 类型的请求，我们可以简化 @RequestMapping 的写法，可写成下面这样：

```
@RequestMapping("/hello")
```

因为默认的 REST API 就是 GET 请求，所以可以做这样的简化。但是建议大家不要简化，将来可能还会有相同路径下不同类型的请求，写全一点比较有利于程序的可读性。此外，@RequestMapping 注解实际上也可以用于类上，但我们并不建议这样用，因为定义在方法级别上比较容易搜索。

现在，一个简单的 Spring Boot 应用程序就开发完毕了。

我们可通过 Maven 编译并打包，在 target 目录下将看一个 msa-hello-1.0.0.jar 的文件，使用解压软件打开该 jar 文件，将看到如图 2-3 所示的目录结构。

demo 目录下存放该项目的 class 文件，lib 目录下存放该项目运行所依赖的 jar 包，META-INF 目录下存放 Maven 构建所生成的相关文件，其中包含一个 MANIFEST.MF 文件，该文件内容如下：

```
Manifest-Version: 1.0
Implementation-Title: msa-hello
Implementation-Version: 1.0.0
Archiver-Version: Plexus Archiver
```

```
    Built-By: huangyong
    Start-Class: demo.msa.HelloApplication
    Implementation-Vendor-Id: demo.msa
    Spring-Boot-Version: 1.3.3.RELEASE
    Created-By: Apache Maven 3.0.5
    Build-Jdk: 1.8.0_60
    Implementation-Vendor: Pivotal Software, Inc.
Main-Class: org.springframework.boot.loader.JarLauncher
```

注意最后一行的 Main-Class，它表示运行 jar 包所需的 Main 类，即 main() 方法所在的类。可见，其并非是我们编写的 HelloApplication 类，而是 Spring Boot 提供的 JarLauncher 类，该类存放在 jar 包中的 org 目录下。

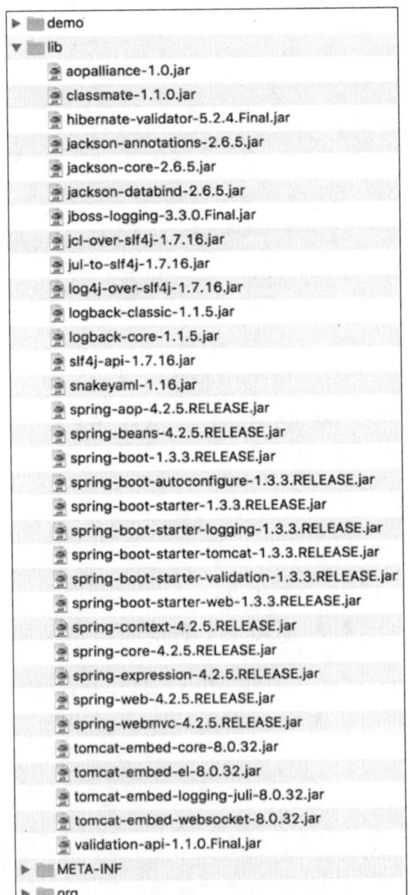

图 2-3　Spring Boot 应用程序 jar 包目录结构

此外，我们也可以在 IDEA 中查看该项目的 jar 包依赖关系，如图 2-4 所示。

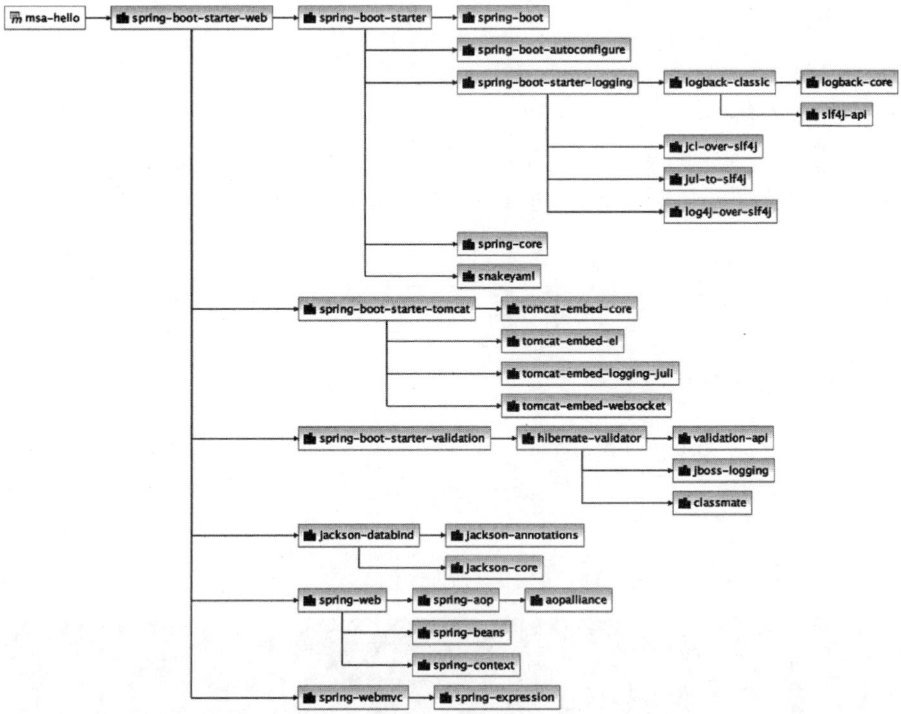

图 2-4　Spring Boot 应用程序 jar 包依赖关系

可见，该项目所依赖的 spring-boot-starter-web 包依赖于大量 Spring Boot 与 Spring 的相关 jar 包，还依赖于 Jackson，因为 Spring Boot 默认使用它进行 JSON 的序列化与反序列化操作。

通过简单的剖析，我们大致了解了 Spring Boot 的开发过程以及应用程序的内部结构。事不宜迟，我们赶紧让它跑起来吧。

2.2.3　运行 Spring Boot 应用程序

运行 Spring Boot 应用程序非常简单，我们可根据实际情况，自由地选择使用以下三种方法来运行 Spring Boot 应用程序。

1. 在 IDEA 中直接运行

直接在 IDEA 中执行 HelloApplication 类来启动 Spring Boot 应用程序。

该方式有利于程序的 debug，在日常开发过程中优先使用这种方式，但 debug 方式肯定比

run 方式的启动速度稍微慢一些。

2. 使用 Maven 运行

使用如下 Maven 命令来运行 Spring Boot 应用程序：

```
mvn spring-boot:run
```

以上就用到了 spring-boot-maven-plugin 插件，我们运行的是 spring-boot 插件的 run 目标，此外它还提供了 spring-boot:start 与 spring-boot:stop 目标。

3. 使用 Java 命令运行

使用如下 Java 命令来运行 Spring Boot 应用程序：

```
java -jar msa-hello-1.0.0.jar
```

该方式看似不需要 spring-boot-maven-plugin 插件，但实际上是需要的。通过该插件所打的 jar 包不是一般的 jar 包，它比一般的 jar 包的体积要大许多，因为它包含运行该 jar 包所依赖的其他 jar 包。

图 2-5 是 Spring Boot 应用程序启动后的控制台信息。

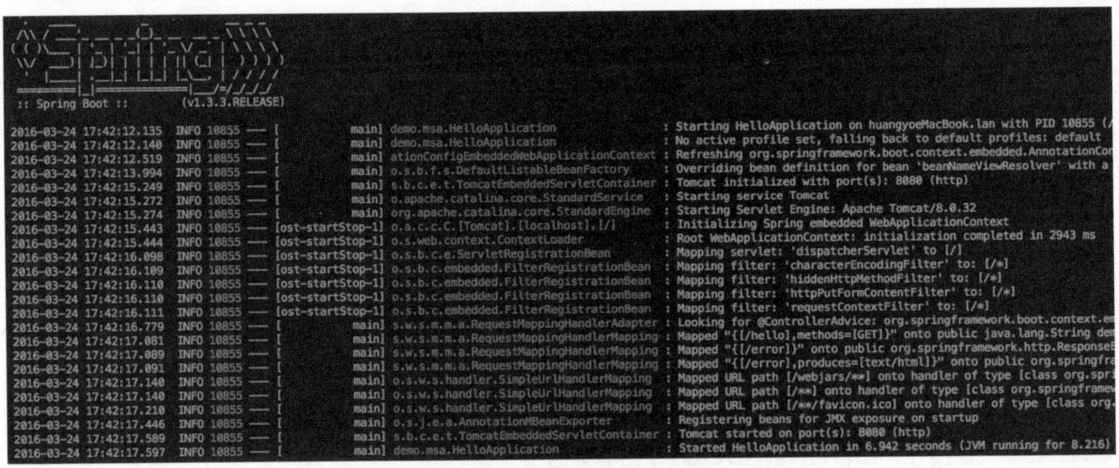

图 2-5 Spring Boot 控制台

图 2-6 是通过浏览器发送请求后的输出效果。

图 2-6 浏览器输出效果

可见，Spring Boot 还是非常容易上手的，只要会用 Maven 并熟悉 Spring 的基本用法，就能快速搭建 Spring Boot 框架。后面的章节中我们继续扩展此框架，让它成为一款真正的轻量级微服务开发框架。

除了 Spring Boot 的基本特性以外，还有一些更高级的特性，尤其是 Spring Boot 提供的生产级特性，也对我们将来想要搭建的微服务架构有所帮助，由于篇幅有限，我们有选择地说明一下。

2.3　Spring Boot 生产级特性

Spring Boot 提供了大量开箱即用的插件，其中有一个名为 Actuator 的插件提供了大量生产级特性，可通过以下 Maven 配置使用该插件：

```
<dependency>
  <groupId>org.springframework.boot</groupId>
  <artifactId>spring-boot-starter-actuator</artifactId>
</dependency>
```

添加以上 Maven 依赖后，我们重启 Spring Boot 应用程序，就能开启端点生产级特性了。那么，什么是端点呢？我们下面就来探索一下。

2.3.1　端点

Spring Boot 的 Actuator 插件提供了一系列 HTTP 请求，我们可以发送相应的请求，来获取 Spring Boot 应用程序的相关信息。这些 HTTP 请求都是 GET 类型的，而且都不带任何请求参数，它们就是所谓的“端点”，也许它的英文“Endpoint”更容易理解。Spring Boot 的 Actuator 插件默认提供了以下端点，如表 2-1 所示。

表 2-1　端点及其描述

端　　点	描　　述
autoconfig	获取自动配置信息
beans	获取 Spring Bean 基本信息
configprops	获取配置项信息
dump	获取当前线程基本信息
env	获取环境变量信息
health	获取健康检查信息

续表

端　　点	描　　述
info	获取应用基本信息
metrics	获取性能指标信息
mappings	获取请求映射信息
trace	获取请求调用信息

例如，当我们在浏览器地址栏中发送 /metrics 请求时，会看到如图 2-7 所示的返回结果。

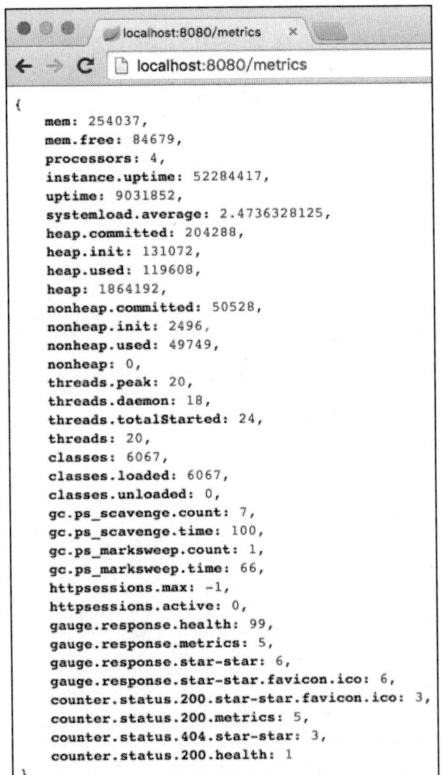

图 2-7　获取性能指标信息

提示：使用 Chrome 浏览器的 JSONView 插件可美化 JSON 数据的输出效果。

上面包含了大量性能指标信息，包括内存、CPU、Java 堆、线程、Java 类、JVM 垃圾回收、HTTP 会话等。

默认情况下，以上端点都是开启的，我们可以随时访问，根据实际情况我们可以自由控制哪些端点需要启用，哪些端点需要停用。也可以全部停用，仅启用某几个对我们有价值的端点。

甚至还可以修改默认的端点名称，这样我们就可以通过自定义的 HTTP 请求路径来访问这些端点了。这些开关都在 application.properties 文件中配置。下面我们给出几个有代表性示例，描述端点的具体配置方法。

示例一：关闭 metrics 端点

```
endpoints.metrics.enabled=false
```

在浏览器上访问 metrics 端点时，将不会看到任何信息，只是一个“Whitelabel Error Page”的错误页面，对应的 HTTP 状态码为 404（Not Found）。

示例二：关闭所有端点，仅开启 metrics 端点

```
endpoints.enabled=false
endpoints.metrics.enabled=true
```

现在只有 metrics 端点是启用的，访问其他端点会报错。

示例三：修改 metrics 端点的名称

```
endpoints.metrics.id=performance
```

这样我们就可以通过 /performance 请求来访问以前的 metrics 端点了，此时继续发送 /metrics 请求将会看到报错信息。

示例四：修改 metrics 端点的请求路径

```
endpoints.metrics.path=/endpoints/metrics
```

通过以上配置，我们需要在发送 /endpoints/metrics 请求后才能访问 metrics 端点。

如果我们想知道 Spring Boot 为我们提供了哪些端点，应该如何做呢？

Spring Boot 的 HATEOAS 插件为我们提供了帮助，实际上，HATEOAS 是一个超媒体（Hypermedia）技术，它也是 REST 应用程序架构的一种约束。通过它可以汇总端点信息，包括各个端点的名称与链接。开启 HATEOAS 插件，只需要添加以下 Maven 依赖：

```
<dependency>
  <groupId>org.springframework.boot</groupId>
  <artifactId>spring-boot-starter-hateoas</artifactId>
</dependency>
```

此后，我们将拥有 actuator 端点，当我们在发送 /actuator 请求后，将看到所有的端点及其访问链接，如图 2-8 所示。

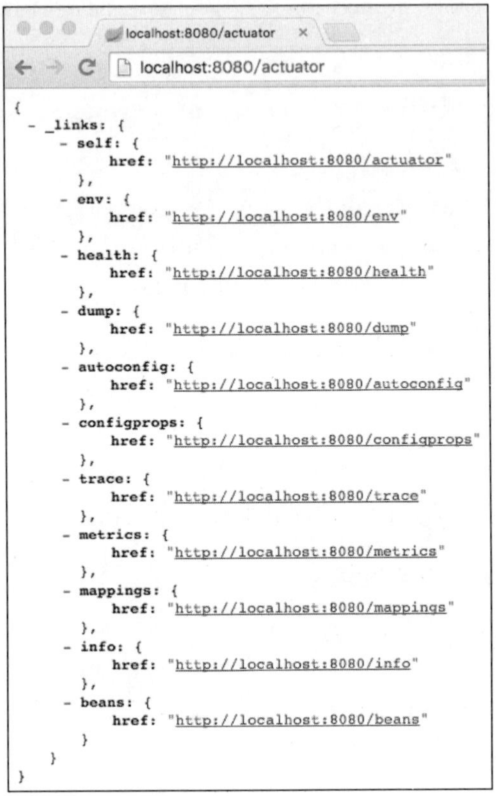

图 2-8　端点汇总

当然，我们也可以配置 actuator 端点，例如：

```
# 禁用 actuator 端点
endpoints.actuator.enabled=false

# 设置 actuator 端点的路径
endpoints.actuator.path=/endpoints/actuator
```

此外，Spring Boot 还提供了一个名为“HAL Browser”图形化工具，用于更好地查看端点信息，只需要我们添加以下 Maven 依赖即可启用。

```
<dependency>
  <groupId>org.webjars</groupId>
  <artifactId>hal-browser</artifactId>
</dependency>
```

当我们再次发送 /actuator 请求时，此时显示的将不再是一段 JSON 数据，而是一个非常漂亮的图形化界面，如图 2-9 所示。

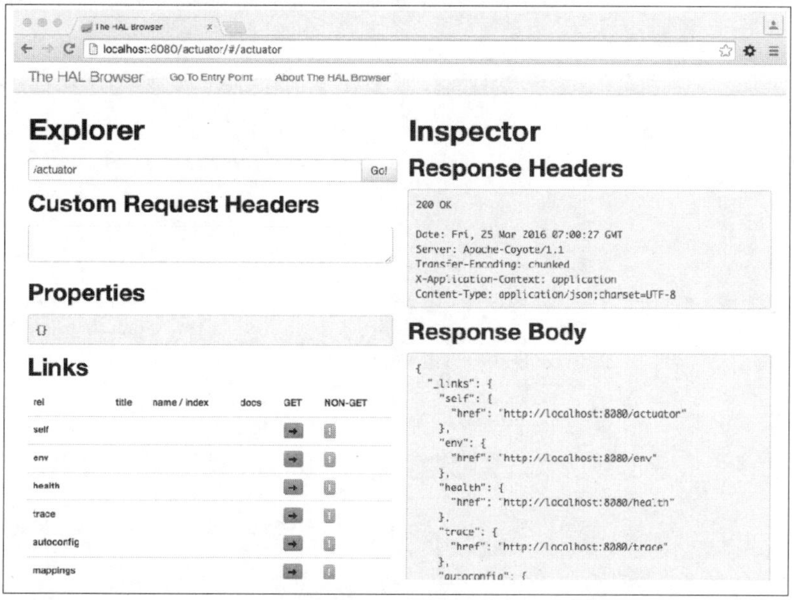

图 2-9　HAL 端点浏览器

我们可以直接在界面上访问任意的端点，使用起来非常简单。

如果我们想进一步了解 Actuator，可以开启 Actuator 文档插件，只需添加如下 Maven 依赖即可：

```
<dependency>
  <groupId>org.springframework.boot</groupId>
  <artifactId>spring-boot-actuator-docs</artifactId>
</dependency>
```

我们可以发送 /docs 请求，在浏览器中查看 Actuator 端点文档，如图 2-10 所示。

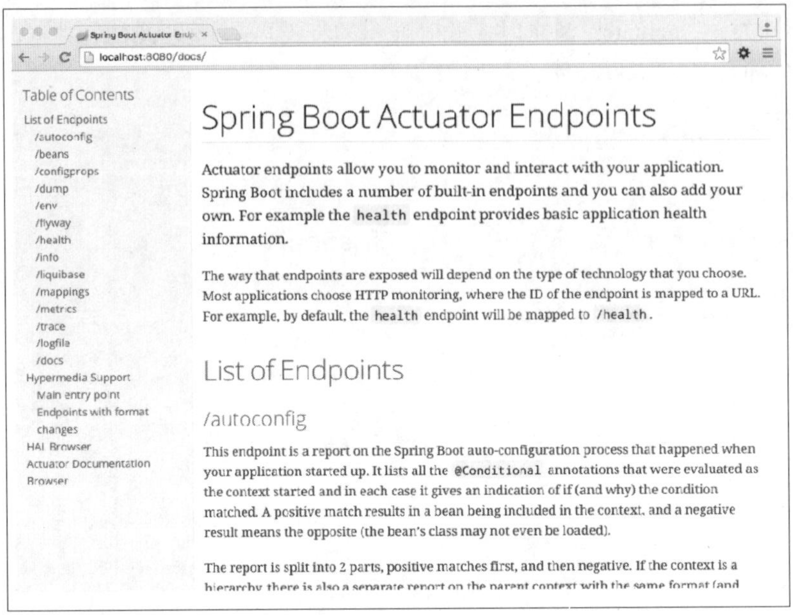

图 2-10 Actuator 端点文档

2.3.2 健康检查

在 Spring Boot 所提供的端点中，有一个名为 health 的端点，用于查看应用当前的运行状态，即应用的健康情况。检查应用的健康情况，我们简称为“健康检查”。有哪些与健康相关的指标需要进行检查呢？我们下面就来学习一下 Spring Boot 提供的健康检查功能。

当我们在浏览器上发送 /health 请求后，将看到如图 2-11 所示的数据。

其中，status 为 UP 表示当前应用处于运行状态，此外还有 diskSpace 表示磁盘空间的使用情况。

由于磁盘空间是比较敏感的信息，我们不想对外暴露出去，此时可对 health 端点的 sensitive 属性进行配置，就像下面这样：

```
endpoints.health.sensitive=true
```

health 端点的 sensitive 属性的默认值为 false，将其设置为 true 后，表示返回的数据具备敏感性，也就是说，diskSpace 部分将不再返回，如图 2-12 所示。

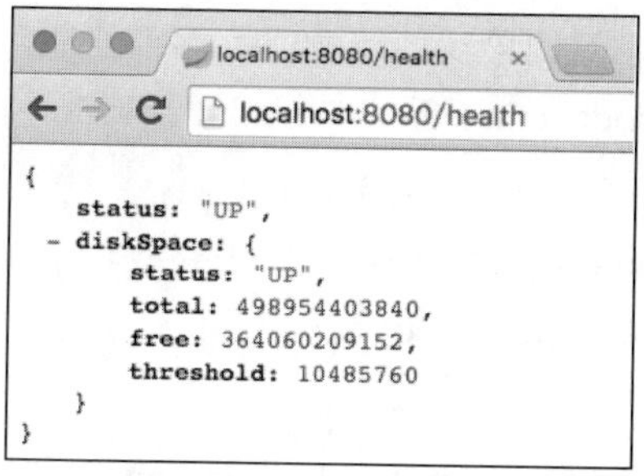

图 2-11　健康检查

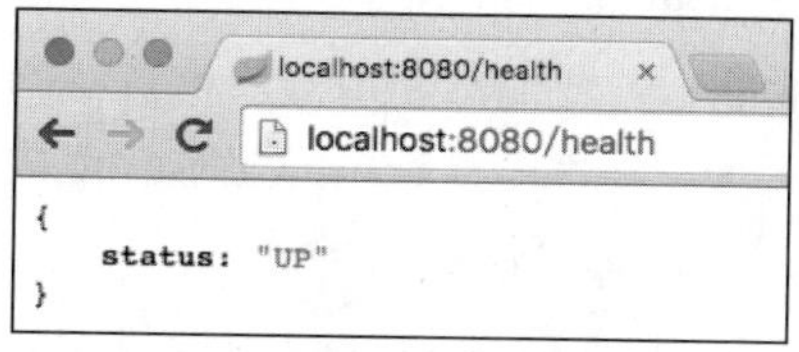

图 2-12　使 health 端点变为敏感

当我们每次发送 /health 请求时，每次获取的健康情况实际上是从缓存中读取的，缓存时间默认为 1000ms，这个时间叫作 Time To Live，简称 TTL。如果想修改这个缓存时间，需添加如下配置：

```
endpoints.health.time-to-live=500
```

以上就将健康检查的缓存时间调整为 500ms 了，虽然反应更加及时了，但同时也会牺牲掉更多的开销。

实际上，Spring Boot 包含了许多内置的健康检查功能，每项功能对应具体的健康检查指标类（HealthIndicator），如表 2-2 所示。

表 2-2　健康检查指标类

名　称	描　述
ApplicationHealthIndicator	检查应用运行状态（对应 status 部分）
DiskSpaceHealthIndicator	检查磁盘空间（对应 diskSpace 部分）
DataSourceHealthIndicator	检查数据库连接
MailHealthIndicator	检查邮件服务器
JmsHealthIndicator	检查 JMS 代理
RedisHealthIndicator	检查 Redis 服务器
MongoHealthIndicator	检查 MongoDB 数据库
CassandraHealthIndicator	检查 Cassandra 数据库
RabbitHealthIndicator	检查 RabbitMQ 服务器
SolrHealthIndicator	检查 Solr 服务器
ElasticsearchHealthIndicator	检查 ElasticSearch 集群

我们添加相关的 Spring Boot 插件后，即可开启对应的健康检查功能，默认情况下只有 ApplicationHealthIndicator 与 DiskSpaceHealthIndicator 是启用的。我们还可通过 management.health.defaults.enabled 属性来控制是否开启健康检查特性，默认为 true，表示是开启的。

虽然 Spring Boot 提供的健康检查器已经很全面了，但如果我们还觉得不够用的话，也可以实现自己的健康检查器，需实现 org.springframework.boot.actuate.health.HealthIndicator 接口，并覆盖 health() 方法即可。

实际上，我们可利用健康检查特性来开发一个微服务系统监控平台，用于获取每个微服务的运行状态与性能指标。当然也有现成的解决方案，比如 spring-boot-admin，它就是一款基于 Spring Boot 的开源监控平台。

spring-boot-admin 项目地址：https://github.com/codecentric/spring-boot-admin。

2.3.3 应用基本信息

除了 health 端点以外，还有一个名为 info 的端点，我们可用它来获取 Spring Boot 应用程序的基本信息，比如应用程序的名称、描述、版本等。但当我们发送 /info 请求时，却获取不到任何数据，因为我们目前还没有配置任何的应用基本信息。

应用基本信息的相关配置都是以 info 为前缀的配置项，就像下面这样：

```
info.app.name=Hello
info.app.description=This is a demo of Spring Boot.
info.app.version=1.0.0
```

随后我们就可以通过浏览器获取上面配置的应用基本信息了，如图 2-13 所示。

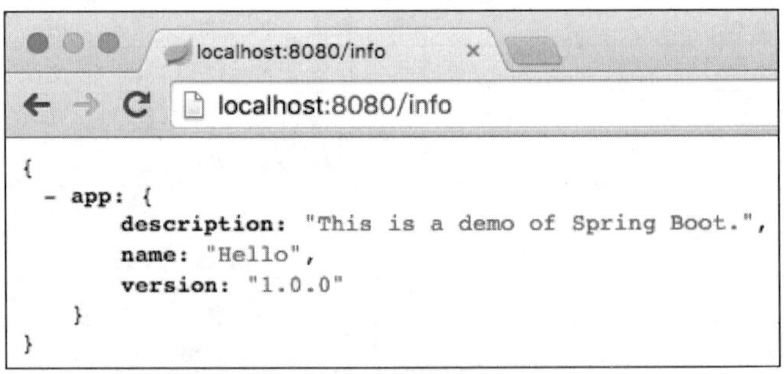

图 2-13　应用基本信息

如果 Maven 的 pom.xml 文件中已经配置了应用的名称、描述、版本信息，就像下面这样：

```
...
  <name>Hello</name>
  <description>This is a demo of Spring Boot.</description>
...
```

```
  <version>1.0.0</version>
...
```

我们想要从 pom.xml 文件中获取这些属性，并将它们写入 application.properties 文件中，应该如何实现呢？

最简单的方式是使用 Maven 的“资源过滤（Resource Filter）”特性来实现，其实 Spring Boot 默认已经为我们开启了资源过滤特性，我们不用做任何的配置就能直接使用。

需要说明的是，Maven 提供的默认资源过滤占位符是 ${...}，由于 Spring Boot 扩展了 properties 文件的功能，可通过 ${...} 分隔符引用已定义的配置项。也就是说，Spring Boot 与 Maven 资源过滤用到了相同的占位符，出现了冲突，前者的优先级较高。由于此时我们需要使用 Maven 资源过滤特性，因此需要修改 Maven 的资源过滤占位符。实际上 Spring Boot 已经将 ${...} 修改为 @...@ 格式，同时也禁用了默认的 Maven 资源过滤占位符，这些配置都在父 pom 中（spring-boot-starter-parent）提供了，我们在子 pom 中无须再次配置。

现在我们就来修改 application.properties 文件，使用 @...@ 占位符来引用 pom.xml 中定义的属性，修改后的配置如下：

```
info.app.name=@project.name@
info.app.description=@project.description@
info.app.version=@project.version@
```

这样我们就可以在 application.properties 文件中随意引用 pom.xml 中的属性了。

如果我们想在应用信息中查看 Git 的提交信息（比如，查看本地最新代码提交版本号与提交时间），如何才能做到呢？

Spring Boot 已经为我们已经准备了一个 Maven Git 插件，只需添加以下插件配置就能开启使用：

```
<plugin>
  <groupId>pl.project13.maven</groupId>
  <artifactId>git-commit-id-plugin</artifactId>
</plugin>
```

如果 .git 目录不在 pom.xml 文件所在的同级目录下，我们还需要添加 dotGitDirectory 配置参数来指定 .git 目录的相对位置，例如：

```
<plugin>
  <groupId>pl.project13.maven</groupId>
```

```
    <artifactId>git-commit-id-plugin</artifactId>
    <configuration>
      <dotGitDirectory>${project.basedir}/../../.git</dotGitDirectory>
    </configuration>
  </plugin>
```

需要注意的是，以上配置中 dotGitDirectory 的路径必须指向 .git 目录的具体存放位置，我们需根据实际项目灵活设置。

接着我们在 application.properties 文件中添加如下配置项：

```
info.git.branch=@git.branch@
info.git.commit.id=@git.commit.id@
info.git.commit.time=@git.commit.time@
```

此外，我们还需要执行 mvn package 命令，因为通过 Maven 打包的时候，会在 classes 目录下生成一个名为 git.properties 的配置文件，以上配置只是通过 Maven 资源过滤特性，从 git.properties 文件中获取指定的配置项，但该文件在应用程序运行过程中不起任何作用。

当我们再次运行 Spring Boot 应用程序，并访问 /info 请求时，会看到如图 2-14 所示的信息。

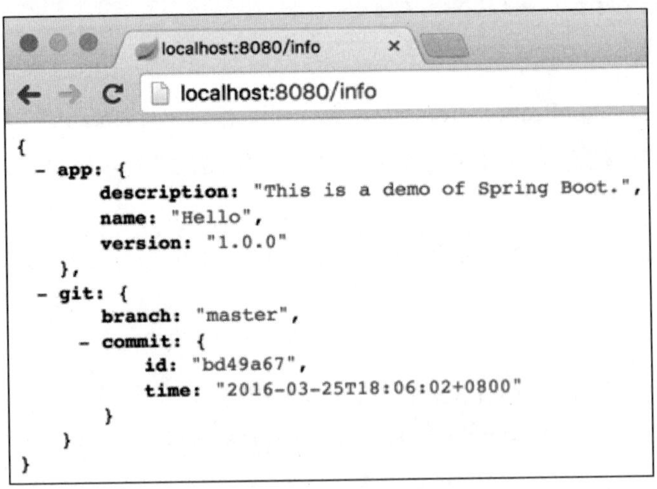

图 2-14　Git 提交信息

关于 Maven Git 插件更详细的用法，请阅读它的 Github 项目文档。

Maven Git 插件：https://github.com/ktoso/maven-git-commit-id-plugin。

2.3.4 跨域

使用 Spring Boot 开发的 REST API 是相当容易的，一般情况下，REST API 是独立部署的，如果 Web UI 也进行独立部署，那么 REST API 与 Web UI 可能在不同的域名下部署，从 Web UI 发送的 AJAX 请求去调用 REST API 时就会遇到“跨域问题”。在浏览器控制台上会报错：“No 'Access-Control-Allow-Origin' header is present on the requested resource.”，因为 AJAX 的安全限制，它是不支持跨域的，我们需要通过技术手段来解决这个问题。

曾经我们可使用 JSONP（JSON with Padding）来实现跨域问题，简单来说就是，客户端发送一个 AJAX 请求，并在请求参数后面添加一个 callback 参数，指向一个 JS 函数（称为 callback 回调函数）。服务端返回了一个 JavaScript 函数，该函数将 JSON 数据做了一个封装（Padding），就像这样 callback({...}); ，这样我们只需要在客户端上定义一个 callback 回调函数，就能获取从服务端返回的 JSON 数据了。

JSONP 看似简单好用，实际上它也有非常明显的限制：只支持 GET 请求，如果我们需要使用 JSONP 技术发送其他类型的请求（比如 POST）就不太可能了。当然也可以通过其他手段来实现，比如 iframe，但该方案过于烦琐，多年前早已弃用。现在，我们优先选择的是更加轻量级的 CORS（Cross-Origin Resource Sharing）来实现跨域问题，它目前也加入到 W3C 规范中了，而且当前主流的浏览器都能很好地支持该规范。

关于 CORS 理论知识已超出本书范围，大家如果想深入学习 CORS 规范，可以访问它的官方网站。

CORS 规范：http://www.w3.org/TR/cors/。

Spring Boot 很好地支持了 CORS，我们只需要添加关于 CORS 的端点配置就能随时开启该特性，默认情况下它是禁用的，通过以下配置即可使用：

```
endpoints.cors.allowed-origins=http://www.xxx.com
endpoints.cors.allowed-methods=GET,POST,PUT,DELETE
```

此外，也可以在 HelloApplication 类上添加 @CrossOrigin 注解来实现跨域，就像这样：

```
import org.springframework.web.bind.annotation.CrossOrigin;

@SpringBootApplication
@RestController
@CrossOrigin
public class HelloApplication {
```

```
    ...
}
```

在 @CrossOrigin 注解中也提供了 origins、methods 等属性，我们可以自行配置。当然，我们也可以使用如下方法配置 CORS 相关属性：

```
import org.springframework.context.annotation.Configuration;
import org.springframework.web.servlet.config.annotation.CorsRegistry;
import org.springframework.web.servlet.config.annotation.EnableWebMvc;
import org.springframework.web.servlet.config.annotation.WebMvcConfigurerAdapter;

@Configuration
@EnableWebMvc
public class WebConfig extends WebMvcConfigurerAdapter {

    @Override
    public void addCorsMappings(CorsRegistry registry) {
      registry.addMapping("/**")
        .allowedOrigins("http://www.xxx.com")
        .allowedMethods("GET", "POST", "PUT", "DELETE");
    }
}
```

实际上，在 Spring 4.2 以后才开始支持 CORS，在此推荐大家阅读 Spring 官方博客上的一篇关于 CORS 的文章。

CORS support in Spring Framework: http://spring.io/blog/2015/06/08/cors-support-in-spring-framework。

2.3.5 外部配置

我们可在 application.properties 配置文件中指定 Spring Boot 的相关配置项，还可使用 @...@ 占位符获取 Maven 资源过滤的相关属性，此外还可通过外部配置覆盖 Spring Boot 配置项的默认值，可先后从以下位置获取：

（1）Java 命令行参数。

（2）JNDI 属性。

（3）Java 系统属性。

（4）操作系统环境变量。

（5）jar 包外的 application.properties 配置文件。

（6）jar 包内的 application.properties 配置文件。

（7）@PropertySource 注解。

（8）SpringApplication.setDefaultProperties 默认值。

以“Java 命令行参数”为例，我们在运行 Spring Boot 的 jar 包时，可通过以下方法指定外部配置：

```
java -jar xxx.jar --server.port=18080
```

通过以上 --server.port 配置，可将默认的内置 Web Server 端口号 8080 改为 18080。

2.3.6 远程监控

Spring Boot 提供了一个名为 Remote Shell 的插件，允许我们可通过 ssh 远程连接正在运行中的 Spring Boot 应用程序，只需添加以下 Maven 依赖配置：

```
<dependency>
  <groupId>org.springframework.boot</groupId>
  <artifactId>spring-boot-starter-remote-shell</artifactId>
</dependency>
```

当我们启动 Spring Boot 应用程序时，将在控制台中看到如下信息：

```
Using default password for shell access: d48bc996-b1be-4bda-8c41-e09db39d8699
```

这是一个随机生成的 ssh 密码，Spring Boot 应用程序启动后，将在默认端口号（2000）开启 ssh 服务，我们可使用默认用户（user）与以上随机生成的密码，通过如下 ssh 命令远程连接 Spring Boot 应用程序：

```
$ ssh -p 2000 user@127.0.0.1
```

在实际情况下，请使用远程 IP 以及允许暴露到防火墙外部的 ssh 端口号。

当我们输入密码后，Spring Boot 应用程序将进行身份认证，认证通过后将看到如图 2-15 所示的信息。

图 2-15 通过 ssh 远程连接 Spring Boot 应用程序

此时，我们可输入 help 命令查看 Spring Boot 的 Remote Shell 插件所提供的相关命令，如图 2-16 所示。

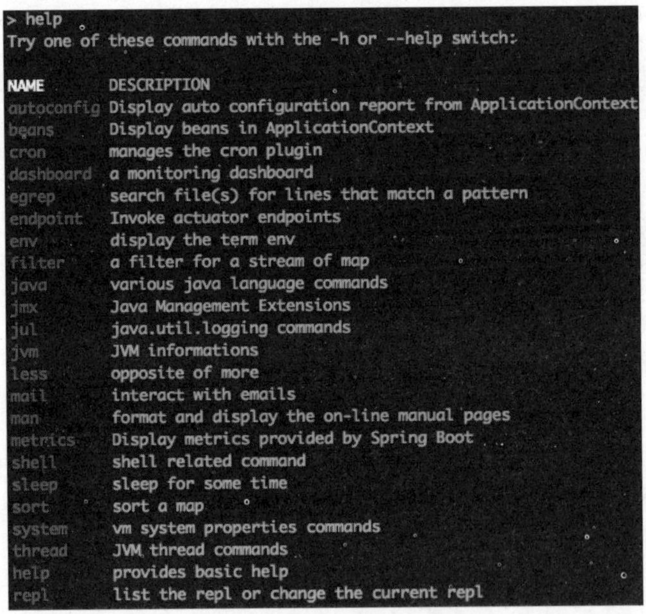

图 2-16 Remote Shell 相关命令

我们可使用 autoconfig 命令查看自动配置，使用 beans 命令查看相关 Spring Bean，通过 endpoint 命令调用指定端点，使用 env 命令查看环境变量，使用 jvm 命令查看 JVM 相关信息，使用 metrics 命令查看性能指标等。此外，还有一个名为 dashboard 的命令，可通过工作台的方式查看相关数据，如图 2-17 所示。

当我们需要退出 Remote Shell 时，可使用 exit 命令。

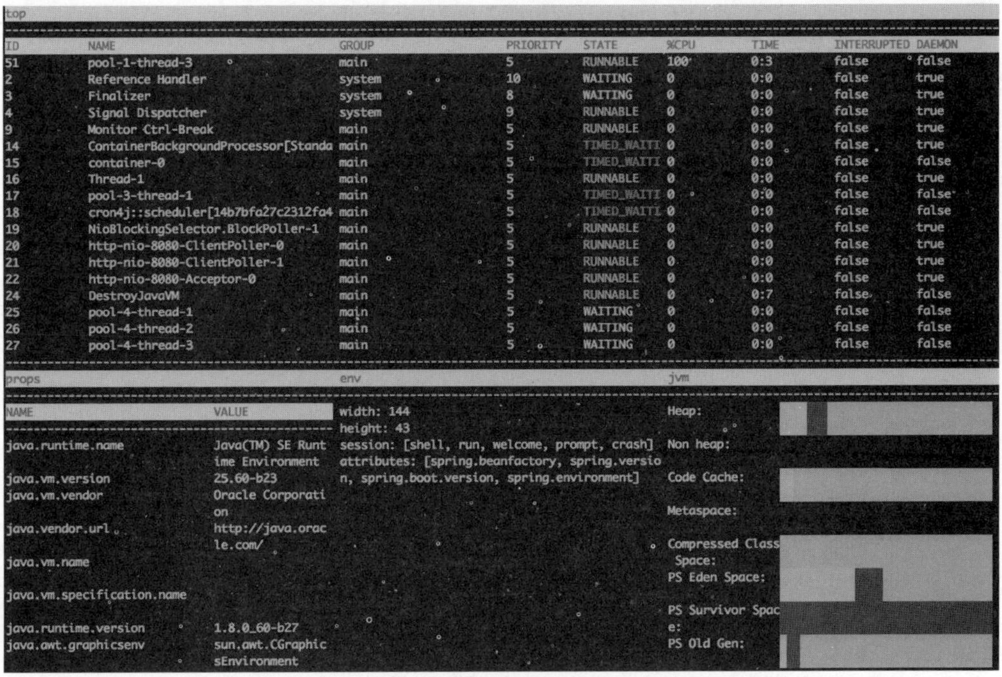

图 2-17　Remote Shell 工作台

如果我们想修改默认的 ssh 端口号、用户与密码，可在 application.properties 配置文件中添加如下配置项：

```
shell.ssh.port=12000
shell.auth.simple.user.name=admin
shell.auth.simple.user.password=123456
```

除了 ssh 这种方式，我们还能开启 telnet 远程连接，可添加以下 Maven 依赖配置：

```
<dependency>
  <groupId>org.crsh</groupId>
  <artifactId>crsh.shell.telnet</artifactId>
  <version>1.2.11</version>
</dependency>
```

Spring Boot 所提供的生产级特性不仅仅只有以上这些，建议大家阅读 Spring Boot 官方的参考手册进行深入学习。

Spring Boot 参考手册：http://docs.spring.io/spring-boot/docs/current/reference/htmlsingle/。

2.4 本章小结

本章从 Spring Boot 的由来开始，讲到它的重要特性、相关插件以及应用场景，通过一个简单的示例，让大家了解 Spring Boot 应用程序的开发过程，此外还讲解了 Spring Boot 带来的一些重要的生产级特性，在后续的章节中会进一步应用这些特性。

下一章我们将学习 Node.js 技术，并尝试使用 Node.js 搭建一个微服务网关，当客户端请求进入 Node.js 后，将通过反向代理的方式调用 Spring Boot 所发布的 REST API。真正的架构探险才刚刚开始！

第 3 章 微服务网关

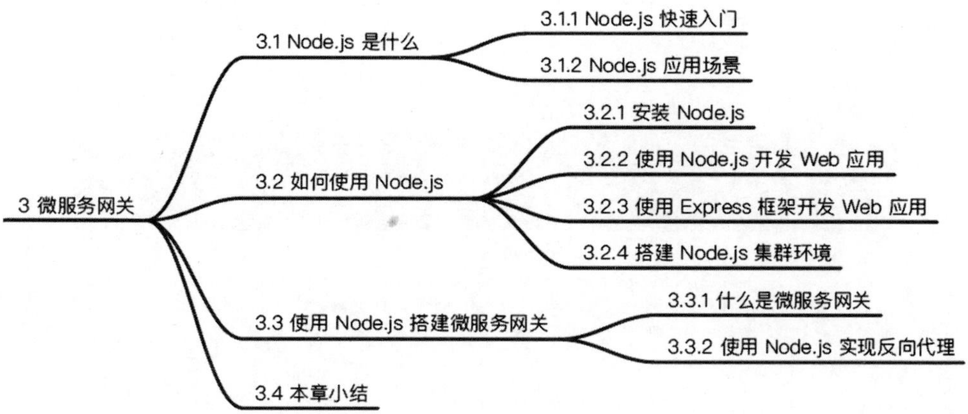
3 微服务网关
3.1 Node.js 是什么
3.1.1 Node.js 快速入门
3.1.2 Node.js 应用场景
3.2 如何使用 Node.js
3.2.1 安装 Node.js
3.2.2 使用 Node.js 开发 Web 应用
3.2.3 使用 Express 框架开发 Web 应用
3.2.4 搭建 Node.js 集群环境
3.3 使用 Node.js 搭建微服务网关
3.3.1 什么是微服务网关
3.3.2 使用 Node.js 实现反向代理
3.4 本章小结

在上一章中，我们使用 Spring Boot 开发了一个简单的服务，也讨论了前后端不在一个域名下将会产生的“跨域问题”，好在 Spring Boot 已经提供了 CORS 跨域特性，我们才能在前端自由地调用后端发布的服务。这样的架构看似不错，但似乎还是有点问题，比如，由于每个微服务可能部署在不同的 IP 与端口上，前端必须知道后端服务部署的位置，那么能否做到前端无须知道后端具体的服务细节，通过统一的方式去调用后端的服务呢？其实我们需要的是一个“API 网关”，前端所有的请求都会进入该网关，通过网关去调用后端的服务。

本章我们将使用 Node.js 搭建一个统一的 API 网关，我们在微服务架构中称其为 API Gateway（API 网关）或 Service Gateway（服务网关），所有从前端发送的请求都会到这个网关上，Node.js 会通过“反向代理”技术来调用后端发布的微服务。不过在完成这件事情之前，我们有必要先搞清楚 Node.js 究竟是什么。

3.1 Node.js 是什么

从名字上来看，Node.js 更像是一款 JavaScript 框架，其实不完全是这样的，我们千万不要被它的名字所误导。

图 3-1 是 Node.js 的官网。

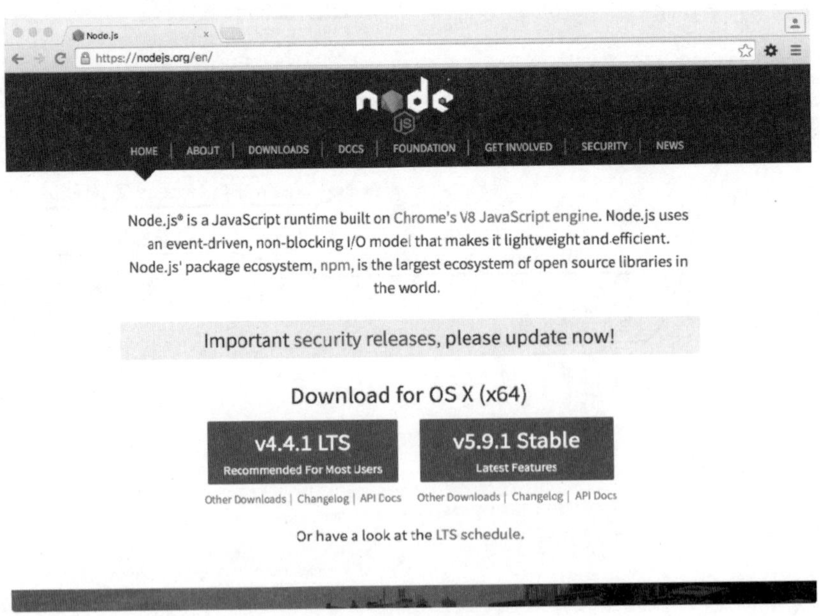

图 3-1 Node.js 官网

Node.js 官网：https://nodejs.org/。

我们在首页上就可以清楚地看到官方就对 Node.js 的诠释：

Node.js 是一个基于 Chrome V8 引擎的 JavaScript 运行环境，它使用了一个“事件驱动”且“异步非阻塞 I/O”的模型使其轻量且高效，Node.js 的包管理器 NPM 是全球最大的开源库生态系统。

针对 Node.js 的定义，我们想稍微补充说明一下：

（1）Node.js 是一个运行环境，而并非 JavaScript 类库或框架。

（2）Node.js 是基于 Chrome 浏览器的 V8 引擎开发的，该引擎是业界公认的高性能 JavaScript 引擎（没有之一）。

（3）Node.js 提供了“事件驱动”模型，可将当前事件加入事件队列中去轮询。

（4）Node.js 提供了“异步非阻塞 I/O”模型，它比传统的“同步阻塞式 I/O”模型具备更高的吞吐率。

（5）Node.js 的包管理器 NPM 与 Java 的 Maven 异曲同工，但生态圈似乎更加庞大（官方号称）。

此外，Node.js 的内核非常小巧，但模块体系却非常庞大，我们可在 NPM 官网上寻找对自己有帮助的模块，如图 3-2 所示。

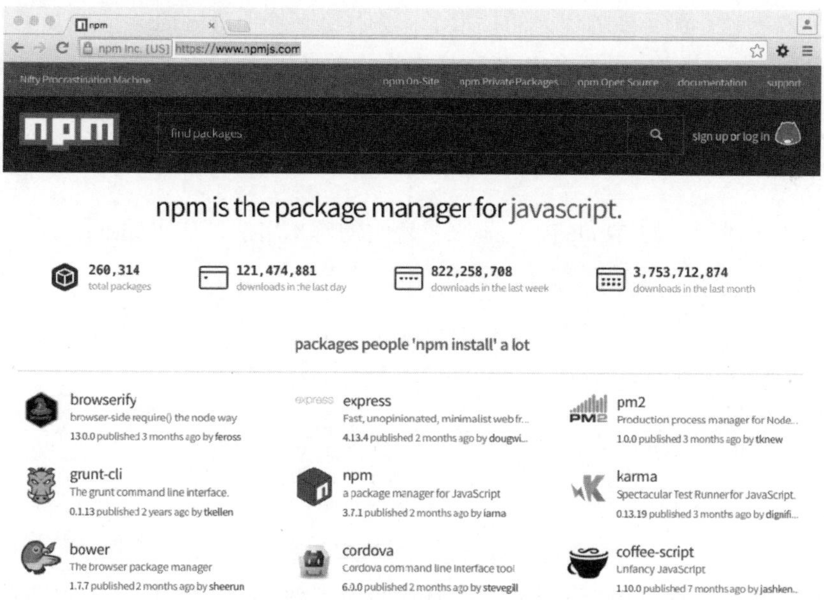

图 3-2　NPM 官网

NPM 官网：https://www.npmjs.com/。

对于高并发问题我们一般采用“多线程”技术来解决，也就是说，创建大量的线程来处理更多并发的请求。而创建并管理线程是一件非常消耗内存的事情，且在 CPU 核心数不多的情况下，会出现大量的上下文切换现象，因为 CPU 需要不断地从一堆线程中选择一个线程来处理在它内部的指令。由此说来，该方案在内存较大且 CPU 强的环境下还是相当不错的选择，Java 提供的就是这样的解决方案。

Node.js 则另辟蹊径，采用“单线程”技术来解决高并发问题，在内部提供了一个“事件驱动”与“异步非阻塞 I/O”模型，让我们可以在硬件资源相对普通的条件下也能扛得住高并发下的压力。

解决高并发问题，实际上就是解决 I/O 问题，我们通常所说的 I/O 问题其实包括两方面，即“网络 I/O”与“磁盘 I/O”。Java 的 I/O 模型是同步的，直到后来 NIO（非阻塞 I/O）技术的出现，Java 编程模型才有了异步的特性，而 Node.js 与生俱来就有 NIO 特性，而且利用 JavaScript 的回调函数可使异步编程变得格外简单。

可见，Node.js 只是利用了 JavaScript 语言的特性去完成服务端的事情，甚至有人提到，几乎所有服务端开发语言（例如，Java、PHP、Python 等）可以做的，它都能够做，而且做得更好。虽然我们对这一点实际上是保持怀疑态度的，但不得不否认 Node.js 确实是一项颠覆性的技术，它让 JavaScript 自 AJAX 以后迎来了第二次高潮，而且这次高潮明显盖过了上一次。

既然服务端已经有那么多的优秀的技术了，为什么还会有 Node.js 的地儿呢？我们不妨先来体验一把 Node.js，品尝一下它的美味，也许就会知道为什么。

3.1.1 Node.js 快速入门

下面我们用一段简单的 Node.js 代码来了解它的基本用法，代码如下：

```
var fs = require('fs');

fs.readFile('/etc/hosts', function (err, data) {
  if (err) throw err;
  console.log(data.toString());
});
```

首先我们通过 Node.js 内置的 require() 函数来引入 FS 模块（它是 Node.js 的内置模块），同时创建了一个名为 fs 的变量。随后我们通过调用 fs 变量的 readFile() 函数来读取 /etc/hosts 文件，但此时该函数并没有返回值。实际上，Node.js 会创建一个读取文件的事件，并立刻将该事件加入到事件队列中，当前线程并不会阻塞在这里。理论上后续不管有多少线程都会进来并产生一系列事件，这些事件都会加入同样的事件队列中，它们会在事件队列中进行循环，一旦某个事件被触发（比如读取文件成功），则会执行后面定义的回调函数（比如 readFile() 函数的第二个参数，回调函数一般是最后一个参数）。

可见，Node.js 完全利用了 JavaScript 的编程范式，采用回调函数来实现异步行为。但也有很多人不太习惯这种异步 API，往往同步 API 会让人觉得更加自然，毕竟调用某函数拿到某返回值，这是非常容易理解的。

实际上，Node.js 也提供了同步 API。还是针对以上读取文件的示例，我们用同步 API 来实现，代码如下：

```
var fs = require('fs');

var data = fs.readFileSync('/etc/hosts');
console.log(data.toString());
```

我们调用 fs 变量的 readFileSync() 函数可通过同步方式来获取文件的内容，此时不再出现回调函数，而是在调用 API 后直接拿到函数的返回值。

Node.js 的上手过程其实非常容易，代码风格也非常优雅。既然这么好的武器，我们应该在哪些场景下才会考虑使用它呢？

3.1.2 Node.js 应用场景

Node.js 是针对"实时 Web"应用程序而开发的，非常适合为了满足实时性较强且并发量较大的应用场景。

1. I/O 密集型 Web 应用

我们日常看到的应用程序一般分为两大类，即"CPU 密集型应用"与"I/O 密集型应用"。前者对 CPU 要求较高，需要一个强大的计算过程，需要较多的 CPU 的核心来完成具体的业务，比如股票交易系统、数据分析系统等。后者更加偏重于对 I/O 的要求，常常会有频繁的网络传输或磁盘存储等现象，比如高并发网站、实时 Web 系统等。

由于 Node.js 采用的是单线程模型，肯定是不适合做 CPU 密集型应用的，否则 CPU 资源将被长期被消耗，从而影响整个系统的吞吐率。因此开发 I/O 密集型应用才是 Node.js 的强项，它充分利用了事件驱动与异步非阻塞技术，能支持大量的并发连接，从而提高了整个系统的吞吐率。

尤其在 Web 方面，Node.js 有着强大的优势，它内置了一个 HTTP 服务器（实际上是一个 HTTP 模块），性能与稳定性方面都与流行的 Nginx 不分伯仲（业界有人做过这方面的测试）。此外，基于 Node.js 的模块体系非常强大，其中不乏优秀的 Web 框架，Express 就是这样的框架，它将基于 Node.js 的 Web 应用开发过程变得更加简单与高效，下文我们也会了解到它。

Express 官网：http://expressjs.com/。

2. Web 聊天室

Node.js 是为实时性而生的，Web 聊天室正符合这类实时性要求。使用 Node.js 集成 Socket.IO 可轻松搭建一个 Web Socket 服务器，此外，Socket.IO 也提供了客户端 JS 类库，我们可在短时间内开发一套 Web 聊天室。

Socket.IO 官网：http://socket.io/。

当我们打开浏览器，进入 Web 聊天室时，客户端会主动与服务端建立一个 Web Socket 连接，而且这是一个长连接。在同一时间段内，可能会有多人同时进入聊天室，此时会有多个客户端与服务端建立 Web Socket 连接。当某人输入一段文字，然后单击“发送”按钮，此时会将消息通过 Web Socket 协议发送到服务端。当服务端收到消息后，将立即通过 Web Socket 的广播方式，将消息推送到所有已经建立了连接的客户端。

在服务端处理从客户端发送过来的大量消息时，会利用 Node.js 的异步特性，当收到消息后，将产生一个事件并将其加入到队列中，同时立即返回客户端，当事件触发后，立即将消息广播到所有客户端。

Socket.IO 官网上有一个很好的教程，大家可以快速学会如何开发一个 Web 聊天室。

Web 聊天室教程：http://socket.io/get-started/chat/。

3. 命令行工具

使用 Node.js 可以轻松开发命令行工具，我们可以写一段 Node.js 程序，通过 NPM 提供的命令将其安装到操作系统中，随时可以在命令行控制台上输入该命令来运行 Node.js 程序。

基于 Node.js 有一个庞大的生态圈，就连开发命令行工具我们也能找到对应的 NPM 模块。这里需要给大家推荐的是 Commander.js，它能让我们更加方便地开发基于 Node.js 的命名行工具。

Commander.js：https://github.com/tj/commander.js。

实际上，基于 Node.js 也有大量好用的前端开发工具，比如 Bower、Grunt、Gulp、Webpack、Yeoman 等。

- Bower：http://bower.io/；
- Grunt：http://gruntjs.com/；
- Yeoman：http://yeoman.io/；

- Gulp：http://gulpjs.com/；
- Browserify：http://browserify.org/；
- Webpack：https://webpack.github.io/。

Bower 是一个前端静态资源管理工具，可通过它来下载前端第三方包，相当于 Node.js 中的 NPM，以及 Java 中的 Maven。Grunt 是一个前端自动化构建工具，可通过它来压缩、编译、打包等。Yeoman 将 Bower 与 Grunt 进行了整合，可通过它快速搭建前端开发框架。Gulp 与 Grunt 有类似的功能，但它使用起来会更加简单。Browserify 可以使用 Node.js 模块化技术来生成前端 JavaScript 代码，使前端开发更加高效。Webpack 使模块化开发变得更加高效，它能将 JavaScript 和 CSS 打包成一个或多个文件。

4. HTTP 代理服务器

Node.js 可以通过异步的方式处理大量的并发请求，它可以作为服务端应用程序的代理，起到充当 HTTP 代理服务器的作用，类似于 Nginx、Apache 等。

在 Node.js 的 NPM 中同样存在这样的 HTTP 代理模块，我们只需要将其引入进来，并使用该模块提供的 API，就能快速搭建一个 HTTP 代理服务器。

node-http-proxy：https://github.com/nodejitsu/node-http-proxy。

我们将在实现微服务架构的服务网关时使用到该项技术，在下文中会详细介绍它的具体使用方法。

3.2 如何使用 Node.js

Node.js 属于上手非常快的技术，学习它没有太高的门槛，只要我们会写 JavaScript，并了解一些基本的编程思想就能快速使用它。但它所涉及的面还是很广的，如果想深入掌握它，还是需要一段过程的。

为了让大家快速地学会 Node.js，我们不妨从安装开始。

3.2.1 安装 Node.js

官方网站提供了不同操作系统下的 Node.js 安装包，我们只需根据自己的需求，下载对应的安装包即可。

当然，如果大家使用的是 Mac 操作系统，还可以使用更加简单的方法安装 Node.js。我们可以安装一个名为 Homebrew 的软件，用它来安装 Node.js 程序，当然其他流行的命令行程序也能通过它来安装。

Homebrew 官网：http://brew.sh/。

使用如下命令可安装 Homebrew：

```
$ /usr/bin/ruby -e "$(curl -fsSL https://raw.githubusercontent.com/Homebrew/
install/master/install)"
```

当 Homebrew 安装完毕后，我们可使用以下 Homebrew 命令去搜索 Node.js 安装包。

```
$ brew search node
```

输入以上命令后，将输出带有“node”关键字的所有软件包，输出如下：

```
homebrew/versions/node010      homebrew/versions/node08        nodebrew
homebrew/versions/node012      homebrew/versions/node4-lts     nodeenv
homebrew/versions/node04       leafnode                        nodenv
homebrew/versions/node06       node
...
```

建议大家安装“node4-lts”，它是 Node.js 的 Long Term Support 版，即长期支持版，相对与其他版本来说更加稳定，建议在生产环境下使用。

我们可输入以下 Homebrew 命令来安装 Node.js：

```
$ brew install node4-lts
```

随后，Homebrew 会自动下载 Node.js 安装包，并将其自动安装到本地操作系统上，如图 3-3 所示。

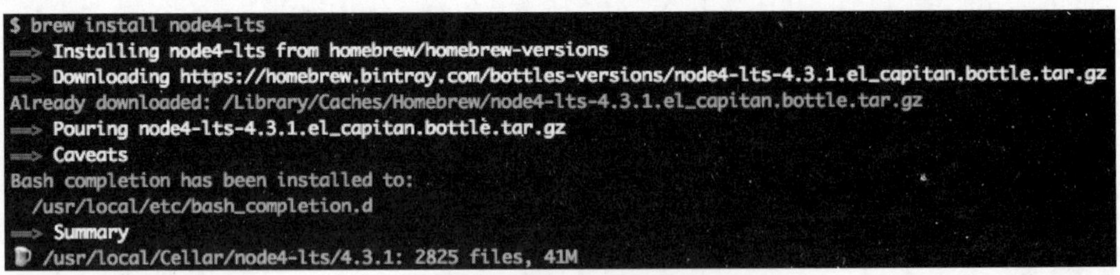

图 3-3 使用 Homebrew 安装 Node.js

提示：使用 brew 命令可查看 Homebrew 的具体使用方法。

当 Node.js 安装完毕后，我们可使用以下命令查看 Node.js 的版本号：

```
$ node -v
```

同时，NPM 也会与 Node.js 一起安装，可通过以下命令查看 NPM 的版本号：

```
$ npm -v
```

下面我们不妨使用 Node.js 来写一个“Hello World”吧。

第一步，新建一个名为 hello.js 的文件，实际上它就是一个 Node.js 程序，里面只有一行代码：

```
console.log('Hello');
```

第二步，保存该文件，输入以下命令来执行 Node.js 程序：

```
$ node hello.js
```

只需干这两件事情，程序将输出“Hello”字符串，这就是一个最简单的 Node.js 程序。

此外，我们也可输入 node 命令，进入 Node.js 的 REPL 环境（见图 3-4），即 Read-Eval-Print Loop，我们一般称之为“交互式解释器”。进入 REPL 环境后，可输入需要执行的 Node.js 代码，就能立即看到输出，按两次 Ctrl+C 就能退出 REPL 环境。

图 3-4 Node.js 的 REPL 环境

Node.js 的强项绝不是使用一行代码就能开发一个“Hello World”，我们一般可用它来搭建 Web 服务器，就像 Nginx、Apache 那样，让它来处理 HTTP 请求，并返回具体的响应，而且 Node.js 能很好地控制这个请求与响应过程。下面我们就用 Node.js 搭建一个 Web 服务器并开发一个简单的 Web 应用。

3.2.2 使用 Node.js 开发 Web 应用

第一步，新建一个名为 app.js 的 Node.js 程序，代码如下：

```
var http = require('http');

var PORT = 1234;

var app = http.createServer(function (req, res) {
  res.writeHead(200, {'Content-Type': 'text/html'});
```

```
    res.write('<h1>Hello</h1>');
    res.end();
  });
  app.listen(PORT, function () {
    console.log('server is running at %d', PORT);
  });
```

首先我们通过 Node.js 内置的 require() 函数引入 HTTP 模块，该模块是开发 Web 应用的核心模块。随后我们调用 http 对象的 createServer() 函数来创建 app 对象。在该函数的参数中有一个 function (req, res) {...} 回调函数，包含 req 请求参数与 res 响应参数。该函数用于处理所有的 HTTP 请求，我们只需写入具体数据到 res 响应对象中即可。最后需要调用 app 对象的 listen() 函数，并在相应的端口号上启动 Web 应用，该函数同样也有一个回调函数，当 Web 应用启动后被调用。

需要注意的是，res 对象的 writeHead() 函数用于写入响应头（Response Head），write() 函数用于写入响应体（Response Body），最后一定要使用 end() 函数用于发送数据写入完毕事件，这样才能结束整个 HTTP 请求与响应过程。

关于 HTTP 模块更详细的使用方法，可参考它的 API 文档：

https://nodejs.org/dist/latest-v4.x/docs/api/http.html。

第二步，可通过以下命令来执行 app.js 程序：

```
$ node app.js
```

随后我们可在浏览器中输入以下地址来访问 Node.js 的 Web 应用：

```
http://localhost:1234/
```

浏览器中将输出“Hello”字样的 HTML 页面，至此一个简单的 Web 应用就开发完毕了。

在 Node.js 应用运行过程中，如果我们修改了源文件，此时是无法立即生效的。因为 Node.js 为了确保高性能，在启动服务时就将代码加载到内存中运行，修改了源文件对实际运行的效果没有任何影响，就算源文件被删除了也是一样。该特性确保了运行阶段的效率，但影响了开发阶段的效率。能否修改了源文件后，Node.js 程序能自动重新加载呢？Supervisor 做到了。我们先安装它，再通过它来启动 Node.js 程序即可。

```
$ npm install supervisor -g
$ supervisor app.js
```

需要注意的是，我们在 npm install 命令后带上一个 -g 选项，表示全局安装，也就是说，安装后可通过命令行运行该程序。

使用 Supervisor 启动 Node.js 应用程序，并监控文件的变化，如图 3-5 所示。

Supervisor 项目地址：https://github.com/petruisfan/node-supervisor。

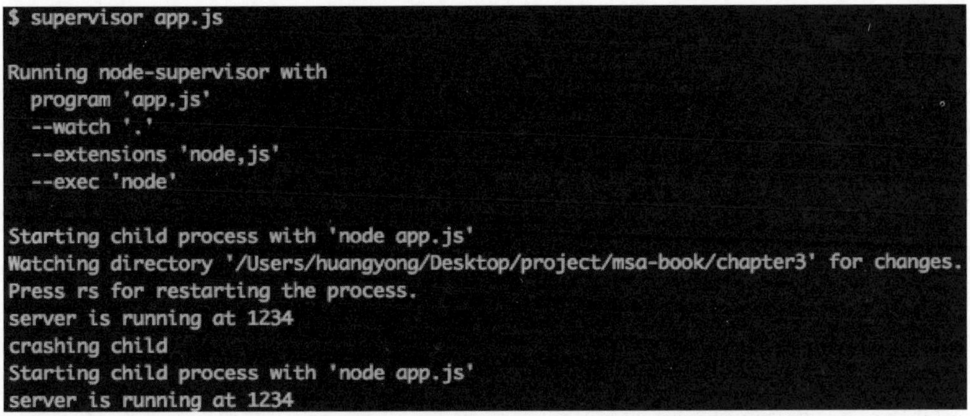

图 3-5　使用 Supervisor 启动 Node.js 应用程序

由于使用 npm 命令时会连接公网，国内访问有时可能会不稳定，我们可通过使用国内 NPM 镜像来解决此问题。淘宝提供了一个 NPM 镜像，我们可通过以下命令将 NPM 仓库地址修改为淘宝的 NPM：

```
$ npm install cnpm -g --registry=https://registry.npm.taobao.org
```

随后，我们可使用 cnpm 命令替换原始的 npm 命令。

淘宝 NPM 官网：http://npm.taobao.org/。

准确地说，现在还不能称其为真正的 Web 应用，因为目前所有的请求都具有相同的响应，比如，输入/foo 将会返回"Hello"，输入/bar 也会返回"Hello"，那么如何根据请求路径来输出对应的 HTML 页面呢？

也就是说，我们要做到的是，当输入/hello.html 请求时，浏览器就会输出 hello.html 页面内容，若输入其他请求，则输出对应的 HTML 页面内容。

第一步，我们首先需要准备的是一份 hello.html 文件，其中放入需要浏览器输出的 HTML 代码。

第二步，我们需要改写 app.js 程序，使其支持通过不同的 URL 可返回相应的 HTML 页面。实际上，我们需要做的是从 req 对象中获取 URL，然后拼接成文件路径并通过 Node.js 内置的 FS 模块去读取相应的文件。调整后的代码如下：

```
var http = require('http');
var fs = require('fs');

var PORT = 1234;

var app = http.createServer(function (req, res) {
  var path = __dirname + req.url;
  fs.readFile(path, function (err, data) {
    if (err) {
      res.end();
      return;
    }
    res.write(data.toString());
    res.end();
  });
});
app.listen(PORT, function () {
  console.log('server is running at %d', PORT);
});
```

首先我们通过 __dirname 全局变量去获取当前目录路径（这是一个绝对路径），并从 req 对象中获取当前 URL 路径，这两者拼接起来正好是需要访问的 HTML 文件的绝对路径。随后我们调用 fs 对象的 readFile() 函数尝试去读取 HTML 文件，当出错时（比如文件不存在），我们将输出空白响应数据。正常情况下会从回调函数的 data 变量中获取响应的字符串，并写入 res 对象中，从而将 HTML 文件的内容返回到浏览器上。

但以上程序仍然存在许多不足，比如无法处理图片、CSS、JavaScript 等静态资源，而且当 URL 找不到对应的文件时还需要增加 404 错误页面。

下面我们就来学习一下 Express 框架，看看它是如何轻巧地完成这件事情的。

3.2.3 使用 Express 框架开发 Web 应用

Express 是一款基于 Node.js 的 Web 应用框架，它提供了大量工具函数与中间件，使 Web 应用的开发效率更加高效。

第一步，由于 Express 框架属于 Node.js 的第三方模块（也可称为 Express 模块），我们在使用它之前，需要使用如下 NPM 命令安装它：

```
$ npm install express
```

当以上命令执行完毕后，将在当前目录下创建一个名为“node_modules”的目录，该目录下存放了 Express 模块的源码，以及 Express 所依赖的其他第三方模块的源码，现在我们便可以使用 Express 框架了。

第二步，新建一个名为 app_express.js 的文件，代码如下：

```
var express = require('express');

var PORT = 1234;

var app = express();
app.use(express.static('.'));
app.listen(PORT, function () {
  console.log('server is running at %d', PORT);
});
```

首先我们通过 require() 函数加载 Express 模块，进而通过 express 的构造函数去创建一个 app 对象。随后可调用 app 对象的 use() 函数去加载 static 中间件（它是 Express 框架内置的中间件），该中间件用于处理所有的静态资源，例如，图片、CSS、JavaScript 等，我们只需调用 express 对象的 static() 函数并指定一个静态资源的路径即可（此时指定 . 表示当前路径）。最后 Express 的 app 对象也提供了与 HTTP 模块同名的 listen() 函数，用于在指定端口下启动一个 Web 应用。

Express 还提供了内置的 404 错误页面的功能，当所访问的 URL 找不到对应资源时，将返回一个简单的 404 页面，如图 3-6 所示。

图 3-6　Express 的 404 错误页面

更有价值的是，Express 提供了一个简单易用的路由功能，用于处理不同的 HTTP 请求，代码示例如下：

```
app.get('/hello', function (req, res) {
  res.send('Hello');
});
```

当发送 GET:/hello 请求时，将返回一个“Hello”字符串到浏览器中。常见的请求方法都有支持，包括 GET、POST、PUT、DELETE 等，此外，可通过 all() 函数处理所有类型的请求，还能在 URL 中使用 * 通配符或正则表达式进行匹配。

关于 Express 框架更详细的使用方法，可参考它的 API 文档：

http://expressjs.com/en/4x/api.html。

3.2.4 搭建 Node.js 集群环境

Node.js 采用了单线程模型，且拥有基于事件驱动的异步非阻塞 I/O 特性，可高效利用 CPU 资源，但并不能说明 Node.js 只能运行在单核 CPU 下。事实上，Node.js 原生已支持集群特性，我们只需将程序稍作调整，就能充分地利用多核 CPU 带来的价值。

仍然针对前文提到的“Hello World”应用程序示例，我们将该应用程序部署在单台服务器的多核 CPU 上，从而搭建集群环境。也就是说，每个 CPU 内核都会运行一个 Node.js 进程。但需要注意的是，这样的集群只能在单台服务器上运行，而不能跨多台服务器。改造后的程序如下：

```
var http = require('http');
var cluster = require('cluster');
var os = require('os');

var PORT = 1234;
var CPUS = os.cpus().length; // 获取 CPU 内核数

if (cluster.isMaster) {
  // 当前进程为主进程
  for (var i = 0; i < CPUS; i++) {
    cluster.fork();
  }
} else {
  // 当前进程为子进程
  var app = http.createServer(function (req, res) {
    res.writeHead(200, {'Content-Type': 'text/html'});
    res.write('<h1>Hello</h1>');
    res.end();
  });
```

```
    app.listen(PORT, function () {
      console.log('server is running at %d', PORT);
    });
  }
```

我们首先加载了 Node.js 内置的 Cluster 模块与 OS 模块，通过 OS 模块获取 CPU 内核数，随后分两种情况进行处理，若当前进程为主进程（Master Process），则根据 CPU 内核数去创建子进程（Child Process），只有在子进程中才执行相关的程序代码。实际上，在内部是通过主进程去调度各个子进程的。可见，CPU 核心数越多，单台服务器上可创建的子进程就越多，支持的并发量就越大，从而整个应用程序的吞吐率就越高。

关于 Cluster 模块更详细的使用方法可参考它的 API 文档：

https://nodejs.org/dist/latest-v4.x/docs/api/cluster.html。

3.3　使用 Node.js 搭建微服务网关

微服务网关是微服务架构中的核心组件，它是客户端请求的门户，它是调用具体服务端的桥梁。下面我们将使用 Node.js 搭建一款轻量级微服务网关，不过在此之前我们将对微服务网关做一个详细的介绍，以便大家能更加清晰地了解什么是微服务网关。

3.3.1　什么是微服务网关

微服务网关类似于经典设计模式中的 Facade 模式（门面模式），它将底层的复杂细节进行屏蔽，对外提供简单且统一的调用方式，比如 HTTP 方式。此时，对于客户端而言，可以是 PC 端网页，也可以是移动端设备，客户端通过 HTTP 方式调用微服务网关。

微服务网关也称为服务网关（Service Gateway）或 API 网关（API Gateway）。下面通过一张架构图来表达 Service Gateway 与客户端以及服务端的关系，如图 3-7 所示。

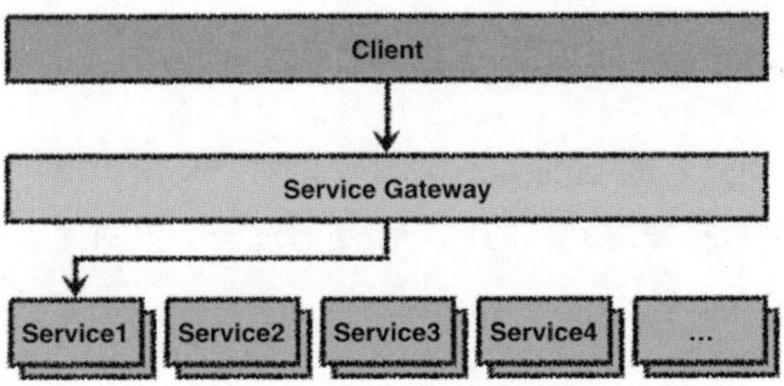

图 3-7　微服务网关架构图

在图 3-7 中，我们使用服务网关（Service Gateway）来建立客户端（Client）与服务端（Service1、Service2…）之间的联系。当从客户端发送请求时，请求首先将进入服务网关，随后服务网关将请求路由到具体的服务端。在路由过程中，会涉及具体的路由算法，最简单的做法是在服务网关中解析客户端请求中的路径或请求头，从而路由到具体的服务端。

为了确保系统具备较高的可用性，我们可部署多个相同的服务端。此时需在服务网关中设置相关路由算法，将请求随机路由到具体的服务端，当然也可对客户端 IP 地址进行 Hash 算法，从而实现请求路由。

在微服务模式网站上也对服务网关进行了说明，可通过以下地址了解 API Gateway 模式的具体信息。

API Gateway 模式：http://microservices.io/patterns/apigateway.html。

Netflix 开源了一款名为 Zuul 的服务网关，它能提供动态路由、监控与安全等特性。

Zuul：https://github.com/Netflix/zuul。

实际上，服务网关的路由过程我们也称为“反向代理”。如果大家曾经用过 Nginx 或 Apache，那么一定对“反向代理”这个概念不会陌生。说白了就是请求不会直接发送到目的地，而是通过一个中间件来进行转发，这个中间件就是 Nginx 或 Apache，它充当了反向代理的角色。

那么在什么场景下我们会考虑使用反向代理技术呢？

代理反向通常有以下几种应用场景：

（1）使静态资源与动态资源分离。

（2）实现 AJAX 跨域访问。

（3）搭建统一服务网关接口。

下面我们将使用 Node.js 实现服务网关的重要特性之一：反向代理。

3.3.2 使用 Node.js 实现反向代理

如果大家曾经用过 Nginx 或 Apache，那么一定对“反向代理”这个概念不会陌生，反向代理说白了就是请求不会直接发送到目的地，而是通过一个中间件来进行转发，这个中间件就充当了反向代理的角色。

实际上，Node.js 也能搭建反向代理服务器，仅需要以下三步：

第一步，需要使用如下命令安装 HTTP Proxy 模块：

```
$ npm install http-proxy
```

第二步，使用 HTTP Proxy 模块来启动代理服务器，新建一个名为 app_proxy.js 的文件，代码如下：

```
var http = require('http');
var httpProxy = require('http-proxy'); // 加载 HTTP Proxy 模块

var PORT = 1234;

// 创建代理服务器对象并监听错误事件
var proxy = httpProxy.createProxyServer();
proxy.on('error', function (err, req, res) {
  res.end(); // 输出空白响应数据
});

var app = http.createServer(function (req, res) {
  // 执行反向代理
  proxy.web(req, res, {
    target: 'http://localhost:8080' // 目标地址
  });
});
app.listen(PORT, function () {
  console.log('server is running at %d', PORT);
});
```

第三步，启动 app_proxy.js 应用程序，命令如下：

```
$ node app_proxy.js
```

我们首先需要加载 HTTP Proxy 模块，创建了一个模块对象 httpProxy。随后通过 httpProxy 对象去创建代理服务器对象 proxy，监听 proxy 对象的 error 事件并进行错误处理，此时输出空白响应数据是为了让服务器发生错误时也有正常返回。最后通过调用 proxy 对象的 web 函数去执行反向代理，此时需传入 req 请求对象与 res 响应对象，并添加一个需要代理的目的地址。

运行以上程序后，我们可通过 http://localhost:1234 去访问 http://localhost: 8080。

除了 HTTP，该模块还支持 HTTPS 与 WebSocket 的反向代理。

至此，一个 Node.js 反向代理服务器就搭建完毕。

下面我们使用 Apache Bench 对其性能做一个简单的测试。我们模拟了 1000 个用户，每次并发 100 个请求，以下是测试结果：

```
$ ab -n 1000 -c 100 http://localhost:1234/

This is ApacheBench, Version 2.3 <$Revision: 1706008 $>
Copyright 1996 Adam Twiss, Zeus Technology Ltd, http://www.zeustech.net/
Licensed to The Apache Software Foundation, http://www.apache.org/

Benchmarking localhost (be patient)
Completed 100 requests
Completed 200 requests
Completed 300 requests
Completed 400 requests
Completed 500 requests
Completed 600 requests
Completed 700 requests
Completed 800 requests
Completed 900 requests
Completed 1000 requests
Finished 1000 requests

Server Software:
Server Hostname:        localhost
Server Port:            1234

Document Path:          /
Document Length:        104 bytes

Concurrency Level:      100
Time taken for tests:   4.555 seconds
Complete requests:      1000
Failed requests:        0
Non-2xx responses:      1000
```

```
Total transferred:      295000 bytes
HTML transferred:       104000 bytes
Requests per second:    219.52 [#/sec] (mean)
Time per request:       455.546 [ms] (mean)
Time per request:       4.555 [ms] (mean, across all concurrent requests)
Transfer rate:          63.24 [Kbytes/sec] received

Connection Times (ms)
              min  mean[+/-sd] median   max
Connect:        0    1   1.2      0      11
Processing:   215  449  80.9    435     714
Waiting:      215  448  80.8    434     714
Total:        215  449  81.3    435     714

Percentage of the requests served within a certain time (ms)
  50%    435
  66%    463
  75%    485
  80%    509
  90%    569
  95%    606
  98%    628
  99%    667
 100%    714 (longest request)
```

可见，平均每秒请求数（吞吐率）为 219.52，从不同分布下的请求数来看，响应时间也比较平稳。

Apache Bench 使用说明：http://httpd.apache.org/docs/2.4/programs/ab.html。

Node.js 的性能绝不亚于 Nginx，但扩展性却远高于 Nginx，我们可以动态地指定被代理的目标地址，而在 Nginx 中配置的目标地址却是静态的，这一点对于我们将来实现“服务发现”功能是极其重要的，因为我们需要从 Service Registry 中获取需要代理的微服务信息（例如 IP 与端口），并执行反向代理操作，调用相应的微服务 REST API。

以上实际上就是服务网关的基础框架，将来我们会在此基础上进行扩展，实现一个具备“反向代理”与“服务发现”的服务网关。

最后需要补充说明的是，服务网关并非仅提供反向代理与服务发现特性，此外它还具备安全认证、性能监控、数据缓存、请求分片、静态响应等众多特性，我们可根据实际情况进行扩展。

3.4 本章小结

本章我们一起探索了 Node.js 的奥秘，了解到 Node.js 是什么，可以做什么，以及如何使用。我们使用 Node.js 开发了一个简单的 Web 应用，还使用了基于 Node.js 的 Express 框架重新实现该 Web 应用。我们也学会了如何充分利用 CPU 的多核技术来搭建 Node.js 集群环境，最后我们使用 Node.js 开发了一款简单的反向代理服务器，它是我们将来开发服务网关的基础。

下一章我们将把重点转移到服务注册表上，我们会在 Spring Boot 微服务应用中进行“服务注册”，在 Node.js 实现的服务网关中进行“服务发现”，最终进行“反向代理”。架构探险就是这般奇妙，让我们继续前进吧！

第 4 章 微服务注册与发现

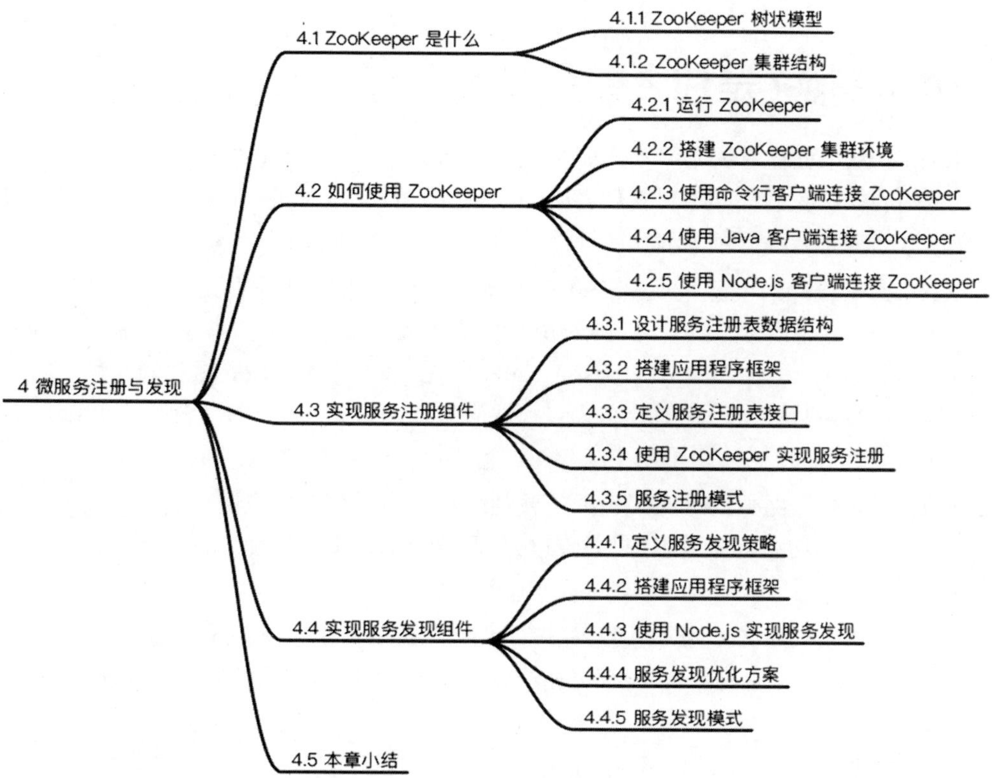

我们在第 1 章中简单提到过 Service Registry（服务注册表），它是整个“微服务架构”中的核心，它不仅提供了 Service Registry（服务注册）功能，同时也为 Service Discovery（服务发现）功能提供了支持。服务注册很好理解，就是在服务启动后，将服务的相关配置信息（例如，IP 与端口）注册到服务注册表中。当客户端调用这些服务时，将通过 Service Gateway（服务网关）从服务注册表中获取这些服务配置，然后通过反向代理的方式去调用具体的服务接口，从服务注册表中获取服务配置的过程就是服务发现。

此外，服务注册表会定期检测已经注册的服务，若发现某服务无法访问了，则将其从服务注册表中移除掉，这个定期检测的过程被称为“心跳检测”。由此可见，服务注册表对“分布式数据一致性”的要求是相当高的，换句话说，服务注册表中的服务配置一旦变更了，通知机制必须做到高性能，且服务注册表本身还需要具备高可用。

那么，谁才能担当服务注册表的重任呢？我们认为 ZooKeeper 是服务注册表的最佳解决方案之一。本章我们将认识 ZooKeeper，并学会使用 ZooKeeper，最后我们将基于 ZooKeeper 实现服务注册表的核心功能，此外我们还将使用 Node.js 搭建一个高可用的服务网关。

4.1 ZooKeeper 是什么

ZooKeeper 从字面上看就是“动物园管理员”的意思，管理动物的人也是管理者，至少他能管理众多的动物。我们都知道，管理者必须具备协调的能力，既要观察动物们的健康状态，又要建立良好的生态环境，可见动物园管理员的责任是相当重大的。

ZooKeeper 在软件的世界里就是一名管理者，它被用来提供分布式环境下的协调服务。Yahoo 公司使用 Java 语言开发了 ZooKeeper，它是 Hadoop 项目中的子项目，基于 Google 的 Chubby 的开源实现，在 Hadoop、HBase、Kafka 等技术中充当了核心组件的角色。它的设计目标就是将那些复杂且容易出错的分布式一致性服务加以封装，构成一个高效且可靠的服务，并为用户提供了一系列简单易用的接口。

ZooKeeper 是一个经典的分布式数据一致性解决方案，分布式应用程序可以基于它实现数据发布与订阅、负载均衡、命名服务、分布式协调与通知、集群管理、领导选举、分布式锁、分布式队列等功能。

本章并不会涉及 ZooKeeper 的底层原理，我们的目标只是了解 ZooKeeper 是什么，以及如何使用它。大家如果对 ZooKeeper 有更加浓厚的兴趣，可以访问它的官网来了解更多的信息，如图 4-1 所示。

ZooKeeper 官网：http://zookeeper.apache.org/。

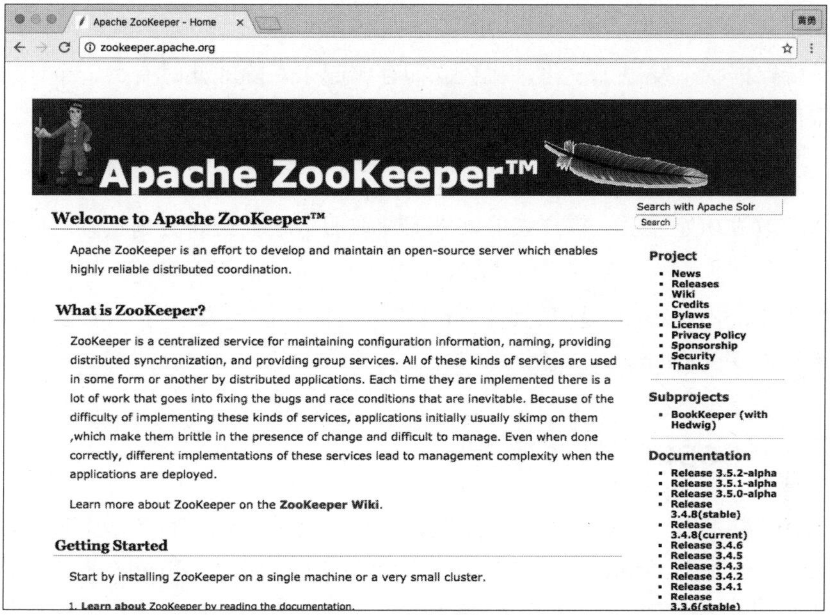

图 4-1　ZooKeeper 官网

ZooKeeper 一般都以集群的方式对外提供服务，一个集群包含多个节点，每个节点都对应一台 ZooKeeper 服务器，所有的节点共同对外提供服务。整个集群环境对分布式数据一致性提供了全面的支持，具体包括以下五大特性。

1. 顺序性

从同一个客户端发送的请求，最终将会严格按照其发送顺序进入 ZooKeeper 中。可见，这就像一个队列，拥有“先进先出”的特性，也就确保了请求的顺序性，一个个地来，大家都别插队。

2. 原子性

所有请求的响应结果在整个分布式集群环境中具备原子性，也就是说，要么整个集群中所有机器都成功地处理了某一个请求，要么就都没有处理，绝对不会出现集群中一部分机器处理了某一个请求，而另一部分机器却没有处理的情况，这方面的要求与事务的原子性是一样的。

3. 一致性

无论客户端连接到哪个 ZooKeeper 服务器，每个客户端所看到的服务端数据模型都是一致的，不可能出现两种不同的数据状态。实际上每台 ZooKeeper 服务器之间是会进行数据同步的，而这个同步过程是相当高效的。

4. 可靠性

一旦服务端数据状态发生了变化，就会立即存储起来，除非此时有另一个请求对其进行了变更，否则数据一定是可靠的。

5. 实时性

当某个请求被成功处理后，客户端能够立即获取服务端的最新数据状态，整个过程具备实时性。

简单了解了 ZooKeeper 所提供的这些特性后，下面我们就来学习一下 ZooKeeper 的内在结构，首先来看看 ZooKeeper 是如何存储数据的。

4.1.1 ZooKeeper 树状模型

ZooKeeper 内部拥有一个树状的内存模型，类似于文件系统，有若干个目录，每个目录中也有若干个文件，只是在 ZooKeeper 中将这些目录与文件统称为 ZNode，每个 ZNode 有对应的路径及其包含的数据。ZNode 可由 ZooKeeper 客户端来创建，当客户端与服务端建立连接后，服务端将为客户端创建一个 Session（会话），客户端对 ZNode 的所有操作均在这个会话中来完成。

ZooKeeper 树状模型如图 4-2 所示。

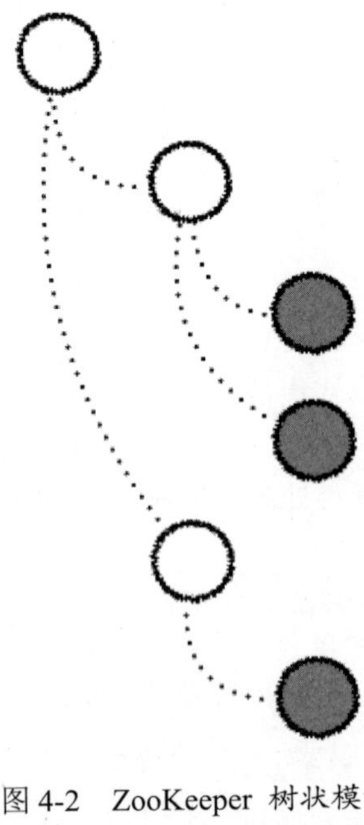

图 4-2 ZooKeeper 树状模型

图 4-2 是一个标准的树状结构，有根节点和子节点，但 ZNode 实际上有四类节点，如表 4-1 所示。

表 4-1　节点类型

ZNode 类型	说　明
Persistent（持久节点）	当会话结束后，该节点不会被删除
Persistent Sequential（持久顺序节点）	当会话结束后，该节点不会被删除，且节点名中带自增数后缀
Ephemeral（临时节点）	当会话结束后，该节点将会被删除
Ephemeral Sequential（临时顺序节点）	当会话结束后，该节点将会被删除，且节点名中带自增数后缀

需要注意的是，持久性节点（包括持久节点与持久顺序节点）才能有子节点，这是 ZooKeeper 所限制的。

ZooKeeper 使用这个基于内存的树状模型来存储分布式数据，正是因为将所有数据都存放在内存中，所以才能实现高性能的目的，提高吞吐率。此外，这个树状模型还有助于集群环境下的数据同步，下面就来了解一下 ZooKeeper 的集群结构。

4.1.2　ZooKeeper 集群结构

ZooKeeper 并非采用经典的分布式一致性协议 Paxos，而是参考了 Paxos 协议，设计了一款更加轻量级的协议，名为 Zab（ZooKeeper Atomic Broadcast，ZooKeeper 原子广播协议）。Zab 协议分为两个阶段：Leader Election（领导选举）与 Atomic Broadcast（原子广播）。当 ZooKeeper 集群启动时，将会选举出一台节点为 Leader（领导），而其他节点均为 Follower（追随者）。当 Leader 节点出现故障时，会自动选举出新的 Leader 节点，并让所有节点恢复到一个正常的状态，这就是领导选举阶段。当领导选举阶段完毕后，将进入原子广播阶段，该阶段将同步 Leader 节点与各个 Follower 节点之间的数据，确保 Leader 与 Follower 节点具有相同的状态。所有的写操作都会发送到 Leader 节点，并通过广播的方式将数据同步到其他 Follower 节点。

一个 ZooKeeper 集群通常由一组节点组成，在一般情况下，3~5 个节点就可以组成一个可用的 ZooKeeper 集群，理论上，节点越多越好。

ZooKeeper 集群结构如图 4-3 所示。

组成 ZooKeeper 集群的每个节点都会在内存中维护当前的服务器状态，并且每个节点之间都会互相保持通信，目的就是告诉其他节点"自己还活着"。需要注意的是，只要集群中存在"超过半数以上"的节点可以正常工作，那么整个集群就能够正常对外提供服务。因此，我们一般提供奇数个节点，比较节省资源。此外，ZooKeeper 客户端可选择集群中任意一个节点来建立连接，而一旦客户端与某个节点之间断开连接，客户端会自动连接到集群中的其他节点。

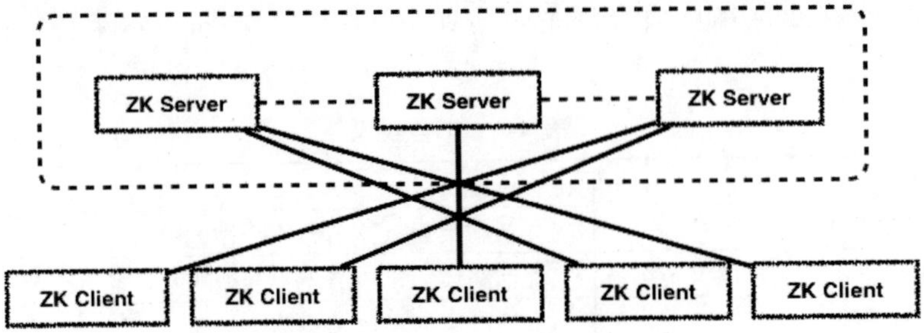

图 4-3 ZooKeeper 集群结构

ZooKeeper 的理论知识比较复杂，如果我们只是单纯地使用它，还是比较容易掌握的，下面我们就一起来体验一把 ZooKeeper 的使用过程。

4.2 如何使用 ZooKeeper

由于 ZooKeeper 是基于 Java 语言开发的，因此在使用它之前，需要安装 JDK 运行环境，在生产环境下，官方建议 JDK 需要 1.6 或以上版本，并且建议使用 Oracle 发布的 JDK，而并非开源社区的 OpenJDK。虽然在 Linux、Windows、Mac OSX 操作系统上都可以使用 ZooKeeper，不过官方还是建议大家使用 Linux 操作系统作为生产环境。

如果环境一切就绪，下面我们就可以开始安装 ZooKeeper 了。

4.2.1 运行 ZooKeeper

我们需要从 ZooKeeper 官网下载它的安装包，该安装包实际上是一个压缩包，解压后便可使用。建议在生产环境下使用 stable 版本。

ZooKeeper 下载地址：http://zookeeper.apache.org/releases.html。

第一步：修改 ZooKeeper 配置文件

ZooKeeper 默认提供了一份名为 zoo_sample.cfg 的示例配置文件，我们必须在此基础上进行调整，才能成功运行 ZooKeeper。

我们只需复制 conf 目录下的 zoo_sample.cfg 文件，并将其重命名为 zoo.cfg 即可，就像下面这样：

```
$ cp conf/zoo_sample.cfg conf/zoo.cfg
```

该配置文件中带有大量的注释，便于我们更加清晰地了解这些配置项是做什么的，将这些注释全部去除后，将看到以下 5 个重要配置项：

```
tickTime=2000
initLimit=10
syncLimit=5
dataDir=/tmp/zookeeper
clientPort=2181
```

下面我们对以上配置项进行详细解释。

- tickTime：称为“嘀嗒时间”，用于配置 ZooKeeper 中最小时间单元的长度，实际上 ZooKeeper 中很多运行时的时间间隔都是使用 tickTime 的倍数来表示的。例如，ZooKeeper 中会话的最小超时时间默认为 2 倍的 tickTime，即 2*tickTime。该配置项的默认值为 3000，单位为毫秒。
- initLimit：用于配置 Leader 节点等待 Follower 节点启动并完成数据同步的时间。Follower 节点在启动过程中会与 Leader 节点建立连接并完成对数据的同步，从而确定自己对外提供服务的起始状态，Leader 节点允许 Follower 节点在 initLimit 时间内完成这个工作。该配置项的默认值为 10，即 10*tickTime。通常情况下，我们不用太在意这个配置项，使用其默认值即可。如果随着 ZooKeeper 集群管理的数据量不断增大，Follower 节点在启动的时候，从 Leader 节点上进行数据同步的时间也会相应变长，于是无法在较短的时间内完成数据同步，在这种情况下，有必要适当调大这个参数。
- syncLimit：用于配置 Leader 节点和 Follower 节点之间进行“心跳检测”的最大延时时间。在 ZooKeeper 集群运行过程中，Leader 节点会与所有 Follower 节点进行心跳检测来确定该节点是否存活。如果 Leader 节点在 syncLimit 时间内无法获取 Follower 节点的心跳检测响应，那么 Leader 节点就会认为该 Follower 节点已经脱离了与自己的同步。该配置的默认值为 5，即 5*tickTime。
- dataDir：用于配置 ZooKeeper 服务器存储快照文件的目录，不建议将其指定到 /tmp 目录下，因为该目录下的文件可能被自动删除。在 ZooKeeper 集群环境中，将生成一个名为 myid 的文件，该文件用于存放 ZooKeeper 集群节点的 ID，我们需保证在整个集群环境中，这个 ID 是唯一的。
- clientPort：用于配置当前 ZooKeeper 服务器对外暴露的端口，客户端会通过该端口在 ZooKeeper 服务器上建立连接并创建会话，一般设置为 2181。每台 ZooKeeper 服务器都可以配置任意可用的端口，实际上，集群中的所有服务器也无须使用相同的 clientPort。

关于更多的配置项及其使用方法，请大家参考 ZooKeeper 官方提供的管理员手册。

ZooKeeper 管理员手册：http://zookeeper.apache.org/doc/r3.4.8/zookeeperAdmin.html。

当修改配置文件完毕后，我们就可以启动 ZooKeeper 服务器了。

第二步：启动 ZooKeeper 服务器

启动 ZooKeeper 服务器非常简单，只需执行 ZooKeeper 提供的脚本程序即可。

```
$ bin/zkServer.sh start
```

执行以上脚本，将在后台启动 ZooKeeper 服务器。此外，还可使用 start-foreground 参数，用于在前台启动 ZooKeeper 服务器，此时我们将看到 ZooKeeper 的控制台，随后可在控制台中看到许多重要的日志。

实际上，我们可直接执行 zkServer.sh 脚本来获取相关的使用帮助。

```
$ bin/zkServer.sh
ZooKeeper JMX enabled by default
Using config: /Users/huangyong/Desktop/server/zookeeper/bin/../conf/zoo.cfg
Usage: bin/zkServer.sh {start|start-foreground|stop|restart|status|
upgrade|print-cmd}
```

可见，zkServer.sh 脚本可传入以下参数。

- start：用于后台启动 ZooKeeper 服务器。
- start-foreground：用于前台启动 ZooKeeper 服务器。
- stop：用于停止 ZooKeeper 服务器。
- restart：用于重启 ZooKeeper 服务器。
- status：用于获取 ZooKeeper 服务器的运行状态。
- upgrade：用于升级 ZooKeeper 服务器。
- print-cmd：用于打印出 ZooKeeper 程序命令行及其相关参数。

ZooKeeper 服务器启动成功后，我们不妨验证一下该服务是否有效。

第三步：验证 ZooKeeper 服务是否有效

可以执行如下脚本来获取 ZooKeeper 服务器状态：

```
$ bin/zkServer.sh status
ZooKeeper JMX enabled by default
```

```
Using config: /Users/huangyong/Desktop/server/zookeeper/bin/../conf/zoo.cfg
Mode: standalone
```

若输出以上信息，则说明 ZooKeeper 服务是有效的，随后我们可通过 ZooKeeper 客户端来连接 ZooKeeper 服务器。

此外，我们还可以通过 telnet 命令来验证 ZooKeeper 服务是否有效：

```
$ telnet 127.0.0.1 2181
Trying 127.0.0.1..
Connected to localhost.
Escape character is '^]'
stat
Zookeeper version: 3.4.8--1, built on 02/06/2016 03:18 GMT
Clients:
 /127.0.0.1:55234[0](queued=0,recved=1,sent=0)

Latency min/avg/max: 0/2/74
Received: 34
Sent: 33
Connections: 1
Outstanding: 0
Zxid: 0x2
Mode: standalone
Node count: 4
Connection closed by foreign host.
```

当我们使用 telnet 连接到本地的 2181 端口时，输入 stat 命令就能查看 ZooKeeper 服务器状态。

总之，不管是通过 zkServer.sh 脚本，还是 telnet 命令，我们都能判断 ZooKeeper 服务器是否正常对外提供服务。如果大家非常细心的话，在 ZooKeeper 的控制台输出中看到了“Mode: standalone”的提示信息，该信息说明当前 ZooKeeper 运行在单机模式下。一般情况下，我们使用单机模式作为开发环境，而使用集群模式作为生产环境。

下面我们将通过简单的配置，使 ZooKeeper 具备集群特性。

4.2.2 搭建 ZooKeeper 集群环境

我们以三个节点为例，搭建一个 ZooKeeper 集群环境。通过客户端连接任意一个节点，随后可做一些数据变更，并观察节点之间是否会进行数据同步。

节点可以分布在不同的机器上，当然也可以在本地搭建一个集群环境，只是需要使用不同的端口，以防端口被占用而导致的冲突。像这类在本地搭建的集群环境，并非真正意义上的“集群模式”，称为“伪集群模式”，其本质还是集群模式，只不过是在单机下搭建的而已。

为了便于操作，下面我们就在本地搭建一个伪集群模式的 ZooKeeper 集群环境。

第一步：修改 ZooKeeper 配置文件

我们以第一个节点为例，配置如下：

```
tickTime=2000
initLimit=10
syncLimit=5
dataDir=/tmp/zookeeper1
clientPort=2181
server.1=127.0.0.1:2888:3888
server.2=127.0.0.1:2889:3889
server.3=127.0.0.1:2890:3890
```

首先，我们指定了 dataDir 配置，表示 ZooKeeper 数据目录所存放的地方，需要注意的是，请不要在生产环境下使用 /tmp 目录。

随后，我们添加了一组 server 配置，表示集群中所包含的三个节点，需要注意的是，server 配置需要满足一定的格式：

```
server.<id>=<ip>:<port1>:<port2>
```

下面我们对以上格式进行详细解释。

- id：表示节点编号，表示该节点在集群中的唯一编号，取值范围是 1～255 之间的整数。需要注意的是，我们必须在 dataDir 目录下创建一个名为 myid 的文件，其内容即为该节点的编号。例如，针对第一个节点而言，我们需要创建一个 /tmp/zookeeper1/myid 文件，该文件的内容为 1，其他节点也需要同样的操作。
- ip：表示节点所在的 IP 地址，本地为 127.0.0.1 或 localhost。
- port1：表示 Leader 节点与 Follower 节点进行心跳检测与数据同步时所使用的端口。
- port2：表示进行领导选举过程中，用于投票通信的端口。

需要注意的是，在真正的集群环境中，clientPort、port1、port2 可以配置得完全一样，因为集群中的每个节点都分布在不同的机器上，每个机器都拥有自己的 IP 地址，端口也不会被其他节点所占用。

参照以上方法，对其他两个节点也做同样的配置后，一个“伪集群”环境就搭建完毕了，它拥有“真集群”的所有特性。需要注意的是，对于“伪集群”环境而言，在每个 ZooKeeper 节点中，zoo.cfg 配置文件中的 dataDir 与 clientPort 需保持不同。对于“真集群”环境而言，dataDir 与 clientPort，以及 port1 与 port2 可保持相同。

所有节点都配置完毕后，我们即可启动 ZooKeeper 集群。

第二步：启动 ZooKeeper 集群

与单机模式的启动方法相同，只需一次启动所有 ZooKeeper 节点即可启动整个集群。我们可以一个个手工去启动，当然，也可以写一个脚本一次性去启动。这个启动 ZooKeeper 集群的脚本应该如何来写？就留给大家自行完成了。

第三步：验证 ZooKeeper 集群环境是否有效

同样可通过 zkServer.sh 脚本与 telnet 命令来查看每个节点的状态，此时会看到“Mode: leader”或“Mode: follower”的信息，表明该节点是 Leader 还是 Follower。

ZooKeeper 提供了一系列脚本程序，它们全部存放在 bin 目录下，例如：

- zkServer.sh 用于启动 ZooKeeper 服务器。
- zkCli.sh 用于连接 ZooKeeper 服务器的命令行客户端。
- zkCleanup.sh 用于清理 ZooKeeper 的历史数据，包括事务日志文件与快照数据文件。
- zkEnv.sh 用于设置 ZooKeeper 的环境变量。

我们可以使用 zkCli.sh 脚本轻松连接 ZooKeeper 服务器，实际上它就是一个命令行客户端。下面我们就来学习如何使用 zkCli.sh 连接 ZooKeeper 服务器，并使用 ZooKeeper 提供的客户端命令来完成一些日常操作。

4.2.3　使用命令行客户端连接 ZooKeeper

当 ZooKeeper 服务器正常启动后，我们可使用 ZooKeeper 自带的 zkCli.sh 脚本，作为命令行客户端来连接 ZooKeeper。使用方法非常简单，若连接本地 ZooKeeper，则只需执行以下脚本即可：

```
$ bin/zkCli.sh
```

若出现以下信息，则说明命令行客户端已成功连接到 ZooKeeper：

```
WatchedEvent state:SyncConnected type:None path:null
[zk: localhost:2181(CONNECTED) 0]
```

若想在本地连接远程的 ZooKeeper，则在 zkCli.sh 脚本中添加 -server 选项即可，例如：

```
$ bin/zkCli.sh -server <ip>:<port>
```

当通过命令行客户端成功连接 ZooKeeper 后，我们就可以输入相关命令来操作 ZooKeeper 了。有一个小技巧，当输入 help 命令（或者其他非法命令）后，将输出 ZooKeeper 相关客户端命令的使用帮助：

```
[zk: localhost:2181(CONNECTED) 0] help
ZooKeeper -server host:port cmd args
    stat path [watch]
    set path data [version]
    ls path [watch]
    delquota [-n|-b] path
    ls2 path [watch]
    setAcl path acl
    setquota -n|-b val path
    history
    redo cmdno
    printwatches on|off
    delete path [version]
    sync path
    listquota path
    rmr path
    get path [watch]
    create [-s] [-e] path data acl
    addauth scheme auth
    quit
    getAcl path
    close
    connect host:port
```

以上命令比较多，但常用的却没有多少。下面，我们对一些常用的 ZooKeeper 客户端命令进行简要说明。实际上，这些命令中大多数都是针对 ZNode 节点（以下简称“节点”）所进行的具体操作。

1. 列出子节点

使用 ls 命令列出子节点名称，命令格式如下：

```
ls path [watch]
```

其中，在 ls 命令中可设置一个 watch 参数，用于指定客户端监视器，在 ZooKeeper 中被称为 Watcher，Watcher 用于监控节点的状态变化，默认情况下可不带有任何 Watcher。

比如，我们可通过以下命令列出根节点下所有的子节点：

```
ls /
```

该命令输出如下信息：

```
[zookeeper]
```

默认情况下，根目录下有一个名为 zookeeper 的子节点，它作为 ZooKeeper 的保留节点，我们一般不直接使用它。

此外，还可以使用 ls2 命令以更加详细的方式列出节点名称及其相关属性，命令格式如下：

```
ls2 path [watch]
```

ls2 命令不仅会输出指定路径下所有的子节点，还会输出当前节点基本信息：

```
[zookeeper]
cZxid = 0x0
ctime = Thu Jan 01 08:00:00 CST 1970
mZxid = 0x0
mtime = Thu Jan 01 08:00:00 CST 1970
pZxid = 0x7
cversion = 3
dataVersion = 0
aclVersion = 0
ephemeralOwner = 0x0
dataLength = 0
numChildren = 1
```

可见，在输出信息中包含了大量的统计属性。

- cZxid：表示创建节点时的事务 ID（每个客户端请求都会形成一个事务）。

- ctime：表示创建节点的时间。
- mZxid：表示最后一次修改节点时的事务 ID。
- mtime：表示最后一次修改节点的时间。
- pZxid：表示最后一次修改父节点时的事务 ID（子节点变化了将被修改）。
- cversion：表示子节点的版本号。
- dataVersion：表示节点所包含数据的版本号（每个数据都有自己的版本，它与节点的版本是不同的）。
- aclVersion：表示节点的 ACL 权限版本号（权限也有自己的版本）。
- ephemeralOwner：表示临时节点的会话 ID（持久节点为 0）。
- dataLength：表示节点所包含数据内容的长度。
- numChildren：表示当前节点的子节点数。

以上信息在 ZooKeeper 中称为 Stat，我们可通过以下命令获取任何节点的 Stat：

```
stat path [watch]
```

2. 判断节点是否已存在

stat 命令也可用于判断该 path 下指定的节点是否已存在。若该节点不存在，则输出“Node does not exist”的提示信息。

我们可通过以下命令判断 /foo 节点是否已存在（实际上，该节点现在并不存在）：

```
stat /foo
```

该命令输出如下信息：

```
Node does not exist: /foo
```

表示 /foo 节点尚不存在，下面我们就来创建这个节点。

3. 创建节点

使用 create 命令创建节点，命令格式如下：

```
create [-s] [-e] path data acl
```

其中，有两个选项有必要加以说明。

- -s 选项：用于指定该节点是否为顺序节点，即 Sequential 节点。
- -e 选项：用于指定该节点是否为临时节点，即 Ephemeral 节点。

最后一个 acl 参数用于权限控制，ZooKeeper 内部提供了一个强大的 Access Control List（访问控制列表，简称 ACL），默认情况下不做任何权限控制。

我们可通过以下命令创建一个名为 /foo 的节点，该节点包含的数据为 hello 字符串：

```
create /foo hello
```

该命令输出如下信息：

```
Created /foo
```

表示 /foo 节点创建成功。可见，它是一个持久节点，且不带任何权限控制。

4. 获取节点数据

使用 get 命令获取节点数据，命令格式如下：

```
get path [watch]
```

我们可通过以下命令获取 /foo 节点所包含的数据：

```
get /foo
```

该命令输出如下信息：

```
hello
cZxid = 0x8
ctime = Mon May 09 16:05:55 CST 2016
mZxid = 0x8
mtime = Mon May 09 16:05:55 CST 2016
pZxid = 0x8
cversion = 0
dataVersion = 0
aclVersion = 0
ephemeralOwner = 0x0
dataLength = 5
numChildren = 0
```

5. 更新节点数据

使用 set 命令更新节点数据，命令格式如下：

```
set path data [version]
```

在更新节点数据时，可指定 version 参数，表示节点所包含数据的版本号。由于 ZooKeeper 会保存节点在不同版本下的数据，因此我们可设置指定的版本号，用来更新对应版本的节点数据。若不指定 version 参数，则表示更新节点数据的最新版本。

我们可通过以下命令更新 /foo 节点所包含的数据：

```
set /foo hi
```

该命令输出如下信息：

```
cZxid = 0x8
ctime = Mon May 09 16:05:55 CST 2016
mZxid = 0xb
mtime = Mon May 09 16:07:06 CST 2016
pZxid = 0x8
cversion = 0
dataVersion = 1
aclVersion = 0
ephemeralOwner = 0x0
dataLength = 2
numChildren = 0
```

更新后，dataVersion 属性做了自增变化（以前是 0，现在是 1），dataLength 属性从 5 变成了 2（以前是 hello，现在是 hi），此外，mZxid 与 mtime 也做了变更。

6. 删除节点

使用 delete 命令删除节点，命令格式如下：

```
delete path [version]
```

在删除节点时，同样也可指定 version 参数，表示针对指定的版本号进行删除。若不指定 version 参数，则表示删除最新版本的节点。

我们可通过以下命令删除 /foo 节点及其所包含的数据：

```
delete /foo
```

执行该命令无任何确认提示，也无任何输出信息。需要注意的是，当该节点没有任何子节点时，才能成功删除，否则将给出“Node not empty”的提示信息，但可通过以下命令一次性删除该节点及其所有的子节点：

```
rmr path
```

实际上，以上命令将以递归的方式删除当前路径下的节点及其所有子节点。

ZooKeeper 除了提供命令行客户端，还提供了 Java 客户端，对于我们 Java 开发者而言是一件非常幸福的事情，下面我们就一起学习一下 ZooKeeper 的 Java 客户端的具体使用方法。

4.2.4 使用 Java 客户端连接 ZooKeeper

ZooKeeper 官方提供了 Java 客户端 API，首先我们可通过添加如下 Maven 依赖来获取 ZooKeeper 的 Java 客户端 jar 包：

```
<dependency>
  <groupId>org.apache.zookeeper</groupId>
  <artifactId>zookeeper</artifactId>
  <version>3.4.8</version>
</dependency>
```

随后我们写一段简单的代码，用于连接 ZooKeeper，后面我们将基于该代码，针对 ZooKeeper 客户端的常用操作逐一进行探索。代码如下：

```
import org.apache.zookeeper.WatchedEvent;
import org.apache.zookeeper.Watcher;
import org.apache.zookeeper.ZooKeeper;

import java.util.concurrent.CountDownLatch;

public class ZooKeeperDemo {

  private static final String CONNECTION_STRING = "127.0.0.1:2181";
  private static final int SESSION_TIMEOUT = 5000;

  private static CountDownLatch latch = new CountDownLatch(1);
```

```
    public static void main(String[] args) throws Exception {
      // 连接 ZooKeeper
      ZooKeeper zk = new ZooKeeper(CONNECTION_STRING, SESSION_TIMEOUT, new
Watcher() {
        @Override
        public void process(WatchedEvent event) {
          if (event.getState() == Event.KeeperState.SyncConnected) {
            latch.countDown();
          }
        }
      });
      latch.await();
      // 获取 ZooKeeper 客户端对象
      System.out.println(zk);
    }
  }
```

我们需要创建一个 ZooKeeper 对象（对象名为 zk），它本质上是对 ZooKeeper 会话的封装，后续的所有操作都在该会话对象上完成。

创建 zk 对象需要传入以下三个参数：

```
ZooKeeper(String connectString, int sessionTimeout, Watcher watcher)
```

- connectString：表示连接字符串，需传入连接 ZooKeeper 的 ip 与 port，格式为：ip:port。当连接 ZooKeeper 集群时，可同时添加集群中多个节点并用逗号分隔，格式为：ip1:port1,ip2:port2,...。
- sessionTimeout：表示会话超时时间，以毫秒为单位。在一个会话期间内，ZooKeeper 客户端与服务器之间通过“心跳检测”来维持会话的有效性，也就是说，一旦在 sessionTimeout 时间内没有进行有效的心跳检测，会话将会失效。
- watcher：表示监视器接口，我们需要实现该接口的 process() 回调方法，并监视 SyncConnected 事件，在 Java 中正是用匿名内部类的方式来实现异步回调过程的。

由于建立 ZooKeeper 会话的过程是异步的，也就是说，当构造完 zk 对象后，线程将继续执行后续代码，但此时会话可能尚未建立完毕。因此，我们需要使用 CountDownLatch 工具，当创建 zk 对象完毕后，立即调用 latch.await() 方法（关闭阀门），使当前线程处于等待状态，等待 SyncConnected 事件到来时，再执行 latch.countDown() 方法（打开阀门），此时会话已建立完毕，接下来当前线程就可以继续执行后续代码了。

现在 zk 对象已创建完毕，已成功连接 ZooKeeper 服务器，下面所有的操作将在该会话中进行，我们只需调用 zk 对象的相关 API 即可。

1. 列出子节点

使用 getChildren() 方法列出子节点名称，方法签名如下：

```
/**
 * 以同步方式列出子节点
 *
 * @param path      节点路径
 * @param watcher   监视器
 * @return          子节点列表
 */
List<String> getChildren(String path, Watcher watcher)

/**
 * 以异步方式列出子节点
 *
 * @param path      节点路径
 * @param watcher   监视器
 * @param cb        回调方法
 * @param ctx       上下文对象
 */
void getChildren(String path, Watcher watcher, ChildrenCallback cb, Object ctx)

/**
 * 以异步方式列出子节点
 *
 * @param path      节点路径
 * @param watcher   监视器
 * @param cb        回调方法
 * @param ctx       上下文对象
 */
void getChildren(String path, Watcher watcher, Children2Callback cb, Object ctx)
```

我们先以同步方式列出根节点下所有的子节点（采用同步方式，调用方法后将返回操作结果）：

```
List<String> children = zk.getChildren("/", null);
for (String node : children) {
  System.out.println(node);
}
```

我们再使用异步方式完成同样的操作（采用异步方式，在回调方法中将返回操作结果）：

```
zk.getChildren("/", null, new AsyncCallback.ChildrenCallback() {
  @Override
  public void processResult(int rc, String path, Object ctx, List<String>
children) {
      for (String node : children) {
        System.out.println(node);
      }
  }
}, null);
Thread.sleep(Long.MAX_VALUE); // 确保异步回调方法被执行（后面会省略该行代码）
```

以上 processResult() 方法中，有两个参数需要说明一下。

rc：表示 Result Code（结果码），用于识别方法调用的响应结果，包括如下结果码。

- 0：调用成功；
- -4：客户端与服务端已断开连接；
- -110：指定节点已存在；
- -112：会话已过期。

ctx：表示传入回调方法的上下文对象，为异步方法的最后一个参数，此例为 null。

还有另一种异步方式也能列出子节点，此时可获取 Stat 对象：

```
zk.getChildren("/", null, new AsyncCallback.Children2Callback() {
  @Override
  public void processResult(int rc, String path, Object ctx, List<String>
children, Stat stat) {
      for (String node : children) {
        System.out.println(node);
      }
  }
}, null);
```

2. 判断节点是否已存在

使用 exists() 方法判断节点是否已存在，方法签名如下：

```
/**
 * 以同步方式判断节点是否已存在
 *
 * @param path       节点路径
 * @param watcher    监视器
 * @return           节点统计对象
 */
Stat exists(String path, Watcher watcher)

/**
 * 以异步方式判断节点是否已存在
 *
 * @param path       节点路径
 * @param watcher    监视器
 * @param cb         回调方法
 * @param ctx        上下文对象
 */
void exists(String path, Watcher watcher, StatCallback cb, Object ctx)
```

我们通过同步方式判断节点是否已存在：

```
Stat stat = zk.exists("/", null);
if (stat != null) {
  System.out.println("node exists");
} else {
  System.out.println("node does not exist");
}
```

我们通过异步方式判断节点是否已存在：

```
zk.exists("/", null, new AsyncCallback.StatCallback() {
  @Override
  public void processResult(int rc, String path, Object ctx, Stat stat) {
    if (stat != null) {
      System.out.println("node exists");
    } else {
```

```
        System.out.println("node does not exist");
      }
    }
  }, null);
```

3. 创建节点

使用 create() 方法创建节点，方法签名如下：

```
/**
 * 以同步方式创建节点
 *
 * @param path            节点路径
 * @param data            节点数据
 * @param acl             节点 ACL 权限
 * @param createMode      节点创建模式
 * @return                节点路径
 */
String create(String path, byte[] data, List<ACL> acl, CreateMode createMode)

/**
 * 以异步方式创建节点
 *
 * @param path            节点路径
 * @param data            节点数据
 * @param acl             节点 ACL 权限
 * @param createMode      节点创建模式
 * @param cb              回调方法
 * @param ctx             上下文对象
 */
void create(String path, byte[] data, List<ACL> acl, CreateMode createMode,
StringCallback cb, Object ctx)
```

一般情况下，可将 acl 参数设置为 OPEN_ACL_UNSAFE，表示不带有 ACL 权限控制。对应的 createMode 参数包含如下四种枚举。

- PERSISTENT：表示持久节点。
- PERSISTENT_SEQUENTIAL：表示持久顺序节点。
- EPHEMERAL：表示临时节点。

- EPHEMERAL_SEQUENTIAL：表示临时顺序节点。

我们先用同步方式创建一个持久节点 /foo，其包含的数据为 hello，无 ACL 权限：

```
    String name = zk.create("/foo", "hello".getBytes(), ZooDefs.Ids.OPEN_ACL_
UNSAFE, CreateMode.PERSISTENT);
    System.out.println(name);
```

需要注意的是，数据必须为 byte[] 类型，其他数据类型需要进行转换。

我们再用异步方式完成同样的操作：

```
    zk.create("/foo", "hello".getBytes(), ZooDefs.Ids.OPEN_ACL_UNSAFE, CreateMode.
PERSISTENT, new AsyncCallback.StringCallback() {
      @Override
      public void processResult(int rc, String path, Object ctx, String name) {
        System.out.println(name);
      }
    }, null);
```

4. 获取节点数据

使用 getData() 方法获取节点数据，方法签名如下：

```
    /**
     * 以同步方式获取节点数据
     *
     * @param path       节点路径
     * @param watcher    监视器
     * @param stat       监视器
     * @return           节点数据
     */
    byte[] getData(String path, Watcher watcher, Stat stat)

    /**
     * 以异步方式获取节点数据
     *
     * @param path       节点路径
     * @param watcher    监视器
     * @param cb         回调方法
     * @param ctx        上下文对象
```

```
 */
void getData(String path, Watcher watcher, DataCallback cb, Object ctx)
```

我们先用同步方式获取 /foo 节点对应的数据：

```
byte[] data = zk.getData("/foo", null, null);
System.out.println(new String(data));
```

此时返回的 byte[] 数据需转换为 String 数据。

我们再用异步方式完成同样的操作：

```
zk.getData("/foo", null, new AsyncCallback.DataCallback() {
  @Override
  public void processResult(int rc, String path, Object ctx, byte[] data,
Stat stat) {
    System.out.println(new String(data));
  }
}, null);
```

5. 更新节点数据

使用 setData() 方法更新节点数据，方法签名如下：

```
/**
 * 以同步方式更新节点数据
 *
 * @param path      节点路径
 * @param data      节点数据
 * @param version   节点版本
 * @return          节点统计对象
 */
Stat setData(String path, byte[] data, int version)

/**
 * 以异步方式更新节点数据
 *
 * @param path      节点路径
 * @param data      节点数据
 * @param version   节点版本
```

```
 * @param cb         回调方法
 * @param ctx        上下文对象
 */
void setData(String path, byte[] data, int version, StatCallback cb, Object
ctx)
```

我们先用同步方式更新 /foo 节点对应的数据：

```
Stat stat = zk.setData("/foo", "hi".getBytes(), -1);
System.out.println(stat != null);
```

更新节点时，可指定具体的版本号（version 参数），若更新最新版本的节点数据，则需指定版本号为 -1。当返回的 stat 对象不为 null 时，可认为更新成功。

我们再用异步方式完成同样的操作：

```
zk.setData("/foo", "hi".getBytes(), -1, new AsyncCallback.StatCallback() {
  @Override
  public void processResult(int rc, String path, Object ctx, Stat stat) {
    System.out.println(stat != null);
  }
}, null);
```

6. 删除节点

使用 delete() 方法删除节点，方法签名如下：

```
/**
 * 以同步方式删除节点
 *
 * @param path       节点路径
 * @param version    节点版本
 */
void delete(String path, int version)

/**
 * 以异步方式删除节点
 *
 * @param path       节点路径
 * @param version    节点版本
```

```
 * @param cb        回调方法
 * @param ctx       上下文对象
 */
void delete(String path, int version, VoidCallback cb, Object ctx)
```

我们先用同步方式删除 /foo 节点：

```
zk.delete("/foo", -1);
System.out.println(true);
```

该同步删除方法没有返回值，若没有抛出任何异常，则说明操作成功。

我们再用异步方式删除 /foo 节点：

```
zk.delete("/foo", -1, new AsyncCallback.VoidCallback() {
  @Override
  public void processResult(int rc, String path, Object ctx) {
    System.out.println(rc == 0);
  }
}, null);
```

此时，我们是通过 rc 结果码对象来判断操作是否成功的。

ZooKeeper 官方提供了两套 Java 客户端 API，即同步与异步，我们可根据实际需求灵活选择合适的方式。

不仅仅只有 Java 语言提供了 ZooKeeper 客户端，实际上，还存在大量其他语言的客户端，比如 Node.js 就有。我们在第 3 章中一起学习过 Node.js，了解到它具备较强的异步特性，下面我们再探索一下 Node.js 的 ZooKeeper 客户端的基本用法。

4.2.5 使用 Node.js 客户端连接 ZooKeeper

我们在 NPM 官网上，如果输入“zookeeper”关键字，会看到大量的 ZooKeeper 客户端，业界评价比较好的是 node-zookeeper-client，它的 API 命名习惯与 Java 的非常类似，下面我们就对其基本用法做出简单介绍。

首先我们需要通过 NPM 安装 node-zookeeper-client 模块：

```
$ npm install node-zookeeper-client
```

随后我们写一段简单的代码，用于连接 ZooKeeper，后面我们将基于该代码，针对

ZooKeeper 客户端的常用操作逐一进行探索。代码如下：

```
var zookeeper = require('node-zookeeper-client');

var CONNECTION_STRING = 'localhost:2181';
var OPTIONS = {
  sessionTimeout: 5000
};

var zk = zookeeper.createClient(CONNECTION_STRING, OPTIONS);
zk.on('connected', function () {
  console.log(zk);
  zk.close();
});
zk.connect();
```

我们需要加载 node-zookeeper-client 模块，并创建 ZooKeeper 客户端对象（对象名为 zk），此时需要传入“连接字符串”与“相关选项”（包括“会话超时时间”）。随后需监听 connected 事件，并调用 zk.connect() 方法来连接 ZooKeeper 服务器。当触发 connected 事件时，说明客户端已成功连接 ZooKeeper 服务器，在回调函数中可将 zk 对象输出至控制台，我们此时可以运行一下该程序并观察控制台中 zk 对象的输出情况。

若 zk 对象可以正常输出，说明可成功连接 ZooKeeper 服务器并建立了正常的会话，下面所有的操作将在该会话中进行，我们只需调用 zk 对象的相关 API 即可。与 Java 客户端 API 不同的是，Node.js 客户端仅提供了异步方式，我们不能通过同步方式来调用。

1. 列出子节点

使用 getChildren() 函数列出子节点，函数签名如下：

```
void getChildren(path, [watcher], callback)
```

下面对该函数的参数加以说明。

- path：表示节点路径，为 String 类型，该参数必须提供。
- watcher：表示监视器函数，该参数是可选的，可指定一个 watcher(event) 函数，用于监视子节点的变化。
- callback：表示操作执行后的回调函数，完整的函数格式是 callback(error, children, stat)。

我们可使用以下代码，列出根节点下所有的子节点，操作完成后输出所有子节点：

```
zk.getChildren('/', function (error, children, stat) {
  console.log(children);
});
```

通常，我们可在回调函数中先判断当前操作是否成功，就像下面这样：

```
function (error, children, stat) {
  if (error) {
    console.log(error.stack);
    return;
  }
  ...
}
```

当 error 参数存在时，说明有异常现象，此时可将异常堆栈信息输出到控制台，并及时返回，中止程序不再向下执行。为了节省篇幅，后面的示例中，我们将省略以上错误处理相关代码。

2. 判断节点是否已存在

使用 exists() 函数判断节点是否已存在，函数签名如下：

```
void exists(path, [watcher], callback)
```

下面对该函数的参数加以说明。

- path：表示节点路径，为 String 类型，该参数必须提供。
- watcher：表示监视器函数，该参数是可选的，可指定一个 watcher(event) 函数，用于监视子节点的变化。
- callback：表示操作执行后的回调函数，完整的函数格式是 callback(error, stat)。

我们可使用以下代码来判断 /foo 节点是否已存在：

```
zk.exists('/foo', function (error, stat) {
  if (stat) {
    console.log('node exists');
  } else {
    console.log('node does not exist');
  }
});
```

3. 创建节点

使用 create() 函数创建节点，函数签名如下：

```
void create(path, [data], [acls], [mode], callback)
```

下面对该函数的参数加以说明。

- path：表示节点路径，为 String 类型，该参数必须提供。
- data：表示节点数据，为 Buffer 类型，需通过 new Buffer() 方式进行构造，可省略该参数，表示该节点无数据。
- acls：表示 ACL 权限，为 Array 类型，可省略该参数，默认值为 ACL.OPEN_ACL_UNSAFE（无 ACL 权限）。
- mode：表示节点创建模式（有四类节点），可省略该参数，默认值为 CreateMode.PERSISTENT（持久节点）。
- callback：表示操作执行后的回调函数，完整的函数格式是 callback(error, path)。

我们可使用以下代码创建一个 /foo 节点，并初始化该节点数据为 hello，操作完成后输出节点路径：

```
zk.create('/foo', new Buffer('hello'), function (error, path) {
  console.log(path);
});
```

4. 获取节点数据

使用 getData() 函数获取节点数据，函数签名如下：

```
void getData(path, [watcher], callback)
```

下面对该函数的参数加以说明。

- path：表示节点路径，为 String 类型，该参数必须提供。
- watcher：表示监视器函数，该参数是可选的，可指定一个 watcher(event) 函数，用于监视子节点的变化。
- callback：表示操作执行后的回调函数，完整的函数格式是 callback(error, data, stat)。

我们可使用以下代码获取 /foo 节点中的数据，操作完成后输出节点数据（需要通过 toString() 函数将 Buffer 类型转化为 String 类型）：

```
zk.getData('/foo', function (error, data, stat) {
  console.log(data.toString());
});
```

5. 更新节点数据

使用 setData() 函数更新节点数据，函数签名如下：

```
void setData(path, data, [version], callback)
```

下面对该函数的参数加以说明。

- path：表示节点路径，为 String 类型，该参数必须提供。
- data：表示节点数据，为 Buffer 类型，需通过 new Buffer() 方式进行构造。
- version：表示节点数据的版本，该参数是可选的，默认值为 -1，表示最新版本。
- callback：表示操作执行后的回调函数，完整的函数格式是 callback(error, stat)。

我们可使用以下代码更新 /foo 节点中的数据，操作完成后输出 stat 的值：

```
zk.setData('/foo', new Buffer('hi'), function (error, stat) {
  console.log(stat);
});
```

6. 删除节点

使用 remove() 函数获取节点数据，函数签名如下：

```
void remove(path, [version], callback)
```

下面对该函数的参数加以说明。

- path：表示节点路径，为 String 类型，该参数必须提供。
- version：表示节点数据的版本，该参数是可选的，默认值为 -1，表示最新版本。
- callback：表示操作执行后的回调函数，完整的函数格式是 callback(error)。

我们可使用以下代码删除 /foo 节点，操作完成后输出相关信息：

```
zk.remove('/foo', function (error) {
  if (!error) {
    console.log('node is deleted');
  }
});
```

关于 node-zookeeper-client 更详细的使用方法，请阅读在 NPM 上发布的官方文档。

node-zookeeper-client: https://www.npmjs.com/package/node-zookeeper-client。

通过上面的学习，我们已经学会了如何使用 ZooKeeper，下面我们将利用 ZooKeeper 与 Node.js 开发一个简单的“服务注册”与“服务发现”组件，它们是微服务架构的核心组件，我们现在就一起来实现它。

4.3　实现服务注册组件

服务注册组件即 Service Registry（服务注册表），它内部拥有一个数据结构，用于存储已发布服务的配置信息。本节我们将使用 Spring Boot 与 ZooKeeper 开发一款轻量级服务注册组件，不过在开发之前，我们有必要对服务注册表的数据结构做一个简单的设计，有助于后续的代码实现。

4.3.1　设计服务注册表数据结构

通过对 ZooKeeper 的学习，我们可以了解到，它内部提供了一个基于 ZNode 节点的树状模型，根节点为“/”，我们可在根节点下方扩展任意的子节点，其子节点也分为四种创建模式，包括：持久节点、持久顺序节点、临时节点、临时顺序节点。

似乎可以借助 ZNode 树状模型来存储服务配置，那么应该如何设计呢？

我们不妨首先定义一个根节点，由于根节点下会有其他子节点，因此根节点一定是持久的（ZooKeeper 要求持久节点才能有子节点），而且根节点还必须只有一个。

我们在根节点下可以添加若干子节点，可使用服务名称作为这些子节点的名称。为了便于描述，不妨将该类节点称为“服务节点”。此外，为了确保服务的高可用性，我们可能会发布多个相同功能的服务，因此服务注册表中就会存在一些同名的服务，但是服务节点又是不允许重名的（这是 ZNode 树状模型所限制的），因此我们需要在服务节点下再添加一级子节点，所以服务节点也是持久的。

我们再来分析一下服务节点下的这些子节点，实际上它们都对应于一个特定的服务，我们需要将服务配置存放在该节点中。简单情况下，服务配置中可存放服务的 IP 与端口。为了便于描述，我们不妨将该子节点称为“地址节点”。一旦某个服务成功注册到 ZooKeeper 中，ZooKeeper 服务器就会与该服务所在的客户端进行心跳检测，如果某个服务出现了故障，心跳检测就会失效，客户端将自动断开与服务端之间的会话，对应的地址节点也需要及时从 ZNode

树状模型中移除，然而如果注册了多个相同的服务，这样的地址节点就可能会有多个，因此地址节点必须为临时且顺序的。

根据以上分析，我们可绘制一张服务注册表数据结构模型图，如图 4-4 所示。

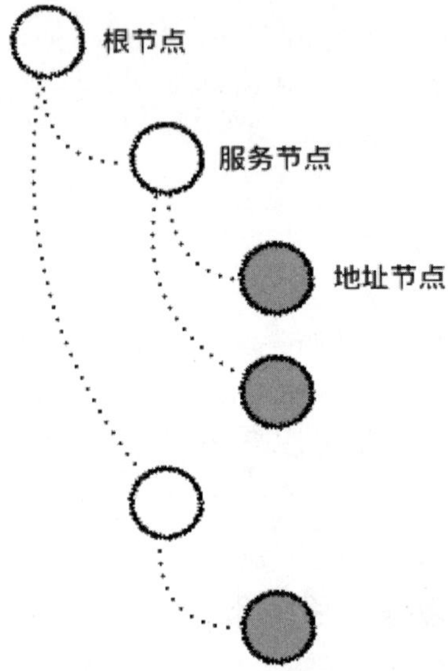

图 4-4　服务注册表数据结构模型

我们不妨举一个示例来说明一下如何使用以上服务注册表模型，假如我们分别在 192.168.1.1 机器的 8080 与 8081 端口上发布了 service1 与 service2 服务，由于 service1 的负载较大，需要使其具备高可用性，因此我们又在另一台 192.168.1.2 机器的 8080 端口上发布了另一个 service1 服务。为了清晰可见，我们不妨通过一张表格来展现机器、端口、服务这三者之间的关系，如表 4-2 所示。

表 4-2　对应关系表

机　器	端　口	服　务
192.168.1.1	8080	service1
192.168.1.1	8081	service2
192.168.1.2	8080	service1

如果我们将这些服务全部放在服务注册表上进行展现，应该是这样的，如图 4-5 所示。

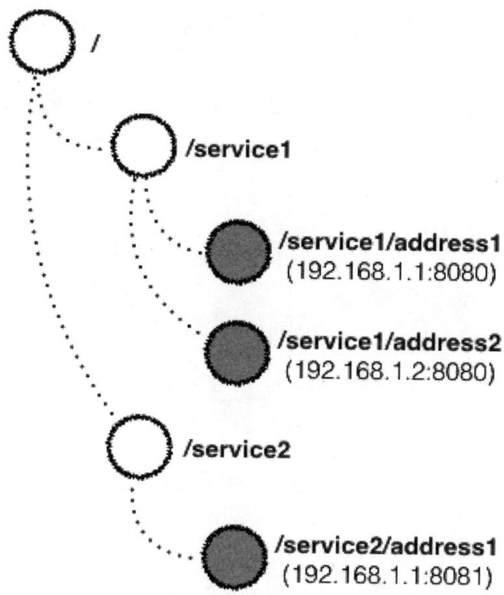

图 4-5 服务注册表示例

由此可见，只有地址节点才有数据，这些数据就是每个服务的配置信息，即 IP 与端口，而且地址节点是临时且顺序的，根节点与服务节点都是持久的。

下面我们将根据该设计思路，实现服务注册表的相关细节。但是在开发具体细节之前，我们不妨先搭建一个代码框架，这样有助于我们更好地进行架构探险。

首先我们需要创建两个项目，分别是：

- msa-sample-api——用于存放服务 API 代码，包含服务定义相关细节。
- msa-framework——用于存放框架性代码，包含服务注册表实现细节。

随后我们需要做的就是，在 msa-sample-api 项目中编写服务的业务细节，在 msa-framework 项目中完成服务注册表的具体实现。

4.3.2 搭建应用程序框架

在 msa-sample-api 项目中搭建 Spring Boot 应用程序框架，创建一个名为 SampleApplication 的类，该类中包含一个 hello()方法，用于处理 GET:/hello 请求，代码如下：

```
package demo.msa.sample;

import org.springframework.boot.SpringApplication;
```

```
import org.springframework.boot.autoconfigure.SpringBootApplication;
import org.springframework.web.bind.annotation.RequestMapping;
import org.springframework.web.bind.annotation.RequestMethod;
import org.springframework.web.bind.annotation.RestController;

@RestController
@SpringBootApplication(scanBasePackages = "demo.msa")
public class SampleApplication {

  @RequestMapping(name = "HelloService", method = RequestMethod.GET, path
= "/hello")
  public String hello() {
    return "Hello";
  }

  public static void main(String[] args) {
    SpringApplication.run(SampleApplication.class, args);
  }
}
```

可见，以上是一个简单的 Spring Boot 应用程序，需要注意以下两点。

（1）在 @SpringBootApplication 注解中指定了 scanBasePackages 属性，该属性表示 Spring 框架需要扫描的基础包路径下的相关 Spring Bean，我们没有指定到 demo.msa.sample，是因为我们还想扫描出 demo.msa.framework 包中的相关 Spring Bean。

（2）在 @RequestMapping 注解中设置了 name 属性，该属性一般不会用到，默认值为空，但此时我们正好将其作为“服务名称”来使用，需要注意的是，应用中的服务名称不要重名就行，最好能事先定义一个命名规范出来，使用 Java 包名是一个很好的选择。

随后，我们希望在 application.properties 配置文件中添加如下配置项：

```
server.address=127.0.0.1
server.port=8080

registry.servers=127.0.0.1:2181
```

实际上，前两个配置项是 Spring Boot 自带的，分别表示服务所在服务器的 IP 地址与端口号，最后一个 registry.servers 配置项表示服务注册表的 IP 与端口，实际上就是 ZooKeeper 的连接字符串，若连接到 ZooKeeper 集群环境，此时可使用逗号来分隔多个 IP 与端口，例如：

ip1:port1,ip2:port2,ip3:port3。

最后我们只需添加对 msa-framework 项目的 Maven 依赖即可，以上便是应用端需要做的所有事情：

```
<dependency>
  <groupId>demo.msa</groupId>
  <artifactId>msa-framework</artifactId>
  <version>1.0.0</version>
</dependency>
```

下面我们就一起来实现 msa-framework 项目的服务注册表。

4.3.3　定义服务注册表接口

服务注册表接口用于注册相关服务信息，包括服务名称与服务地址，然而服务地址中又包括服务所在机器的 IP 与端口。

在 msa-framework 项目中创建一个名为 ServiceRegistry 的 Java 接口类，代码如下：

```
package demo.msa.framework.registry;

/**
 * 服务注册表
 */
public interface ServiceRegistry {

  /**
   * 注册服务信息
   *
   * @param serviceName     服务名称
   * @param serviceAddress  服务地址
   */
  void register(String serviceName, String serviceAddress);
}
```

我们下面就来实现 ServiceRegistry 接口，它会通过 ZooKeeper 客户端创建相应的 ZNode 节点，从而实现服务注册。

4.3.4 使用 ZooKeeper 实现服务注册

在 msa-sample-api 项目中我们创建一个 ServiceRegistry 接口的实现类 ServiceRegistryImpl，同时还需实现 ZooKeeper 的 Watcher 接口，便于监控 SyncConnected 事件，以连接 ZooKeeper 客户端。整个代码框架看起来是这样的：

```
package demo.msa.framework.registry;

import org.apache.zookeeper.*;
import org.slf4j.Logger;
import org.slf4j.LoggerFactory;
import org.springframework.stereotype.Component;

import java.util.concurrent.CountDownLatch;

@Component
public class ServiceRegistryImpl implements ServiceRegistry, Watcher {

  private static Logger logger = LoggerFactory.getLogger(ServiceRegistryImpl.
class);
  private static CountDownLatch latch = new CountDownLatch(1);

  private ZooKeeper zk;

  public ServiceRegistryImpl() {
  }

  public ServiceRegistryImpl(String zkServers) {
    try {
      // 创建 ZooKeeper 客户端
      zk = new ZooKeeper(zkServers, SESSION_TIMEOUT, this);
      latch.await();
      logger.debug("connected to zookeeper");
    } catch (Exception e) {
      logger.error("create zookeeper client failure", e);
    }
  }
```

```
    public void register(String serviceName, String serviceAddress) {
      // TODO
    }

    @Override
    public void process(WatchedEvent event) {
      if (event.getState() == Event.KeeperState.SyncConnected) {
        latch.countDown();
      }
    }
  }
```

我们在构造方法中传入了 zkServers 参数，该参数可从 application.properties 配置文件中读取 registry.servers 配置项，随后可通过 CountDownLatch 工具来创建 ZooKeeper 客户端对象（即 zk 对象），后续我们将在 registry() 方法中使用 zk 对象创建相关 ZNode 节点。

使用 ZooKeeper 的客户端 API，我们很容易创建相关 ZNode 节点，只是在创建节点之前有必要调用 exists() 方法，判断将要创建的节点是否已存在。需要注意的是，根节点和服务节点都是持久节点，只有地址节点才是临时顺序节点。有必要在创建节点完成后输出一些调试信息，用于获知节点是否创建成功了。具体代码如下：

```
  ...
    private static final String REGISTRY_PATH = "/registry";
    private static final int SESSION_TIMEOUT = 5000;
  ...
    public void register(String serviceName, String serviceAddress) {
      try {
        // 创建根节点（持久节点）
        String registryPath = REGISTRY_PATH;
        if (zk.exists(registryPath, false) == null) {
          zk.create(registryPath, null, ZooDefs.Ids.OPEN_ACL_UNSAFE,
CreateMode.PERSISTENT);
          logger.debug("create registry node: {}", registryPath);
        }
        // 创建服务节点（持久节点）
        String servicePath = registryPath + "/" + serviceName;
        if (zk.exists(servicePath, false) == null) {
```

```
            zk.create(servicePath, null, ZooDefs.Ids.OPEN_ACL_UNSAFE,
CreateMode.PERSISTENT);
            logger.debug("create service node: {}", servicePath);
          }
          // 创建地址节点（临时顺序节点）
          String addressPath = servicePath + "/address-";
          String addressNode = zk.create(addressPath, serviceAddress.getBytes(),
ZooDefs.Ids.OPEN_ACL_UNSAFE, CreateMode.EPHEMERAL_SEQUENTIAL);
          logger.debug("create address node: {} => {}", addressNode,
serviceAddress);
        } catch (Exception e) {
          logger.error("create node failure", e);
        }
      }
    ...
    }
```

我们的期望效果是，当启动 SampleApplication 程序时，框架会将其服务器 IP 与端口注册至服务注册表中。实际上，在 ZooKeeper 的 ZNode 树状模型上将创建 /registry/HelloService/address-0000000000 节点，该节点所包含的数据为 127.0.0.1:8080。我们开发的 msa-framework 项目将封装上面提到的这些服务注册行为，这些行为对应用端完全透明。对于 ServiceRegistry 接口而言，我们需要在框架中调用 register() 方法，并传入 serviceName 参数（/registry/HelloService/address-0000000000）与 serviceAddress 参数（127.0.0.1:8080）。

紧接着我们要做的是通过编写一个 Spring 的@Configuration 配置类来创建 ServiceRegistry 对象，该配置类中需要读取 application.properties 配置文件中的 registry.servers 配置项，并将其传入 ServiceRegistryImpl 的构造方法。具体代码如下：

```
import org.springframework.boot.context.properties.ConfigurationProperties;
import org.springframework.context.annotation.Bean;
import org.springframework.context.annotation.Configuration;

@Configuration
@ConfigurationProperties(prefix = "registry")
public class RegistryConfig {

  private String servers;
```

```
    @Bean
    public ServiceRegistry serviceRegistry() {
      return new ServiceRegistryImpl(servers);
    }

    public void setServers(String servers) {
      this.servers = servers;
    }
  }
```

可使用 @ConfigurationProperties 注解来指定配置项前缀，我们首先将 prefix 属性设置为 registry，然后提供一个 servers 成员变量，并提供该成员变量对应的 setServers() 方法。当 Spring 应用上下文初始化时，将读取 application.properties 配置文件中的 registry.servers 配置项，并调用 setServers() 方法，从而初始化 servers 成员变量。

此时，启动 Spring Boot 应用程序将创建 ServiceRegistry 对象，但无法调用该对象的 register() 方法，也就无法注册相应的服务了。我们下面要想办法做到的就是，在框架中调用 ServiceRegistry 对象的 register() 方法。

由于我们的服务实际上是以 Java Web 应用的方式来发布的，在每个应用初始化时去完成服务注册或许是一个很好的时机，因此我们需要写一个类，让它去实现 ServletContextListener 接口，并将该类交给 Spring 来管理，需要为该类加上 @Component 注解。此外，我们还需要使用 @Autowired 注解来注入 ServiceRegistry 类，并使用 @Value 注解来注入 server.address 与 server.port 配置项。随后我们便可在 contextInitialized() 方法中调用 ServiceRegistry 对象的 register() 方法来完成服务注册功能。具体代码如下：

```
  import demo.msa.framework.registry.ServiceRegistry;
  import org.springframework.beans.factory.annotation.Autowired;
  import org.springframework.beans.factory.annotation.Value;
  import org.springframework.context.ApplicationContext;
  import org.springframework.stereotype.Component;
  import org.springframework.web.context.support.WebApplicationContextUtils;
  import org.springframework.web.method.HandlerMethod;
  import org.springframework.web.servlet.mvc.method.RequestMappingInfo;
  import org.springframework.web.servlet.mvc.method.annotation.
RequestMappingHandlerMapping;

  import javax.servlet.ServletContext;
  import javax.servlet.ServletContextEvent;
```

```
import javax.servlet.ServletContextListener;
import java.util.Map;

@Component
public class WebListener implements ServletContextListener {

  @Value("${server.address}")
  private String serverAddress;

  @Value("${server.port}")
  private int serverPort;

  @Autowired
  private ServiceRegistry serviceRegistry;

  @Override
  public void contextInitialized(ServletContextEvent event) {
    // 获取请求映射
    ServletContext servletContext = event.getServletContext();
    ApplicationContext applicationContext = WebApplicationContextUtils.
getRequiredWebApplicationContext(servletContext);
    RequestMappingHandlerMapping mapping = applicationContext.getBean
(RequestMappingHandlerMapping.class);
    Map<RequestMappingInfo, HandlerMethod> infoMap = mapping.getHandlerMethods();
    for (RequestMappingInfo info : infoMap.keySet()) {
      String serviceName = info.getName();
      if (serviceName != null) {
        // 注册服务
        serviceRegistry.register(serviceName, String.format("%s:%d",
serverAddress, serverPort));
      }
    }
  }

  @Override
  public void contextDestroyed(ServletContextEvent servletContextEvent) {
  }
}
```

首先可通过 ServletContextEvent 参数方便获取 ServletContext 对象，随后可使用 Spring 提供的 WebApplicationContextUtils 工具类来获取 ApplicationContext 对象，进而可获取 Spring IOC 容器中的 RequestMappingHandlerMapping 对象，该对象封装了所有 @RequestMapping 方法的相关信息，我们可随时获取所有的方法，并循环遍历每个方法，在循环中我们可获取 @RequestMapping 注解中 name 属性的值，当 name 属性不为空时，才能调用 ServiceRegistry 对象的 register() 方法进行服务注册操作。

至此，服务注册组件已基本开发完毕。我们可启动 msa-sample-api 应用程序，并通过命令行客户端来观察 ZooKeeper 的 ZNode 节点信息。

首先，我们使用以下命令启动 ZooKeeper 服务器：

```
$ bin/zkServer.sh start-foreground
```

随后，我们运行 `SampleApplication` 应用程序，将在控制台中看到以下输出：

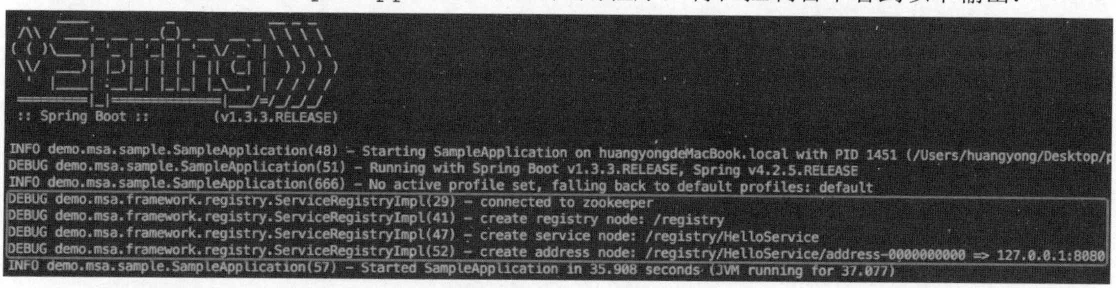

可见，我们通过 ZooKeeper 客户端创建了三个 ZNode 节点，分别为：

- /registry——它是服务注册表的根节点。
- /registry/HelloService——它是一个服务节点，对应一个名为 hello 的服务。
- /registry/HelloService/address-0000000000——它是一个地址节点，存放 hello 服务的地址信息，所包含的数据为 127.0.0.1:8080。

最后，我们使用以下命令连接到 ZooKeeper 服务器，并观察服务注册表中的数据结构：

```
$ bin/zkCli.sh
```

服务注册表数据结构如下所示。

```
[zk: localhost:2181(CONNECTED) 0] ls /
[registry, zookeeper]
[zk: localhost:2181(CONNECTED) 1] get /registry/HelloService/address-0000000000
127.0.0.1:8080
cZxid = 0x4
ctime = Tue May 31 15:12:58 CST 2016
mZxid = 0x4
mtime = Tue May 31 15:12:58 CST 2016
pZxid = 0x4
cversion = 0
dataVersion = 0
aclVersion = 0
ephemeralOwner = 0x15505a883340000
dataLength = 14
numChildren = 0
```

至此，服务注册组件开发完毕，下面我们将使用 Node.js 来开发服务发现组件，当请求进入服务网关时，将使用该组件从 ZooKeeper 中通过节点路径获取对应的服务配置，从而实现服务发现。

4.3.5 服务注册模式

服务注册（Service Registry）是一种微服务架构核心模式，我们可以在微服务网站上了解它的详细内容。

Service Registry 模式：http://microservices.io/patterns/service−registry.html。

实际上，有两种服务注册模式。

（1）自注册：http://microservices.io/patterns/self-registration.html。

（2）第三方注册：http://microservices.io/patterns/3rd-party-registration.html。

除了 ZooKeeper，还有一些其他开源的服务注册组件，比如 Netflix 开源的 Eureka、CoreOS 开源的 Etcd、HashiCorp 开源的 Consul 等。

- Eureka：https://github.com/Netflix/eureka。
- Etcd：https://coreos.com/etcd/。
- Consul：https://www.consul.io/。

4.4 实现服务发现组件

服务发现组件在微服务架构中由 Service Gateway（服务网关）提供支持，前端发送的 HTTP 请求首先会进入服务网关，此时服务网关将从服务注册表中获取当前可用服务所对应的具体的服务配置，随后将通过反向代理技术调用具体的服务，像这样获取可用服务配置的过程称为服务发现。由此可见，服务发现是整个微服务架构中的核心组件，该组件不仅需要高性能，还要能支持高并发，还需具备高可用。本节我们将使用 Node.js 来实现这款轻量级服务发现组件，不过我们首先需要定义一个合理的服务发现策略。

4.4.1 定义服务发现策略

当我们成功启动 HelloService 服务时，会在服务注册表中注册如下信息：

```
/registry/HelloService/address-0000000000 => 127.0.0.1:8080
```

HelloService 是 registry 根节点下的服务节点，它是持久节点。在服务节点下方还有一个名为 address-0000000000 的地址节点，它是临时节点。地址节点对应的数据为 127.0.0.1:8080，表示 HelloService 服务的配置信息，即 IP 与端口。

当我们在本地启动多个 HelloService 服务时，将在服务注册表中看到如下信息：

```
/registry/HelloService/address-0000000000 => 127.0.0.1:8080
/registry/HelloService/address-0000000001 => 127.0.0.1:8081
/registry/HelloService/address-0000000002 => 127.0.0.1:8082
...
```

以上结构表示同一个 HelloService 服务节点包含三个地址节点，每个地址节点都包含一组服务配置（IP 与端口）。我们的目标是，通过服务节点的名称来获取其中某个地址节点所对应的服务配置，最简单的做法是随机获取一个地址节点，当然也可根据"轮询"或"哈希"算法来获取地址节点。

因此，要实现以上过程，我们必须得知服务节点的名称是什么，也就是服务名称是什么，可通过服务名称来获取服务配置。那么，应该从哪里获取服务名称呢？

当服务网关接收 HTTP 请求时，我们能够很轻松地获取请求的相关信息，包括请求方法、请求路径、请求参数，当然还有请求头与请求体。通过排除法可知，最容易获取服务名称的地方就是请求头，我们不妨添加一个名为 Service-Name 的自定义请求头，用它来定义服务名称，随后可在服务网关中获取该服务名称，并在服务注册表中根据服务名称来获取对应的服务配置。

4.4.2 搭建应用程序框架

我们不妨再创建一个项目，名为 msa-sample-web，它相当于整个微服务架构中的前端部分，其中包括一个服务发现框架，此外我们还可以添加一个用于测试的 HTML 页面，可在该页面上发送 AJAX 请求，从而验证我们的服务发现特性。

前端 msa-sample-web 项目的代码结构如图 4-6 所示。

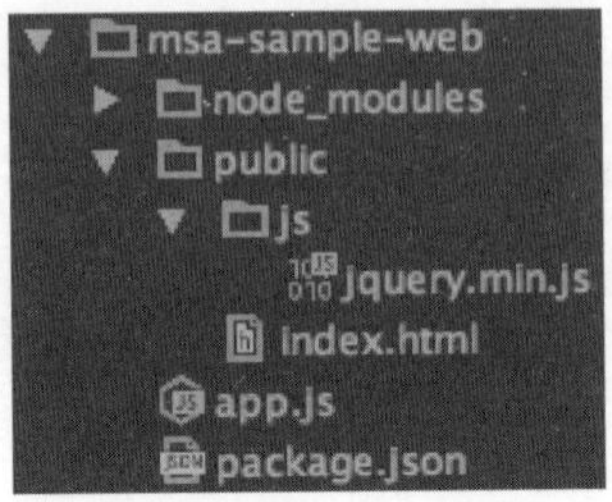

图 4-6　前端项目代码结构

有三个文件需要加以说明。

- index.html：仅用于测试，将在该页面初始化时使用 jQuery 发送 AJAX 请求，该请求将进入服务网关。
- app.js：服务网关应用程序，通过 Node.js 来实现。
- package.json：用于存放 Node.js 应用程序的基本信息，以及所依赖的 NPM 模块。

我们首先需要在 package.json 文件中添加代码：

```
{
  "name": "msa-sample-web",
  "version": "1.0.0",
  "dependencies": {
  }
}
```

4.4.3　使用 Node.js 实现服务发现

下面我们就用 jQuery 发送一个 AJAX 请求，该请求将发送至服务网关，在发送请求的同时，我们传递一个名为 Service-Name 的请求头，当请求结束后，我们将响应结果输出到页面上。我们在 index.html 文件编写如下代码：

```
<!DOCTYPE html>
<html>
<head>
  <meta charset="UTF-8">
  <title>Demo</title>
</head>
```

```
<body>

<div id="console"></div>

<script src="js/jquery.min.js"></script>
<script>
  $(function () {
    $.ajax({
      method: 'GET',
      url: '/hello',
      headers: {
        'Service-Name': 'HelloService'
      },
      success: function (data) {
        $('#console').text(data);
      }
    });
  });
</script>

</body>
</html>
```

当发送 GET:/hello 请求时，将在请求头中携带 Service-Name:HelloService 信息。当发送请求后，服务网关将接收 GET:/hello 请求，并获取 Service-Name 请求头中的数据（HelloService）。

我们使用 Express 框架可快速编写了一个 Web Server 应用程序，在引入 Express 模块之前，我们需要使用如下 NPM 命令安装 Express 模块：

```
$ npm install express -save
```

运行以上命令后，将下载 Express 模块的相关代码，并将其存放在 node_modules 目录下（可看到一个名为 express 的目录）。此外，还会在 package.json 文件中添加一行依赖配置：

```
{
  "name": "msa-sample-web",
  "version": "1.0.0",
```

```
  "dependencies": {
    "express": "^4.13.4"
  }
}
```

下面我们就来使用 Node.js 编写一个简单的服务网关，在 app.js 文件中添加如下基础代码：

```
var express = require('express');

var PORT = 1234;

// 启动 Web 服务器
var app = express();
app.use(express.static('public'));
app.all('*', function (req, res) {
  // 处理图标请求
  if (req.path == '/favicon.ico') {
    res.end();
    return;
  }
  // 获取服务名称
  var serviceName = req.get('Service-Name');
  console.log('serviceName: %s', serviceName);
  if (!serviceName) {
    console.log('Service-Name request header is not exist');
    res.end();
    return;
  }
  // TODO
});
app.listen(PORT, function () {
  console.log('server is running at %d', PORT);
});
```

通过 express() 函数创建 app 对象后，我们需要将 public 路径设置为存放公开资源的目录，比如 jquery.js 就需要存放在 public 目录下。随后，我们需要拦截所有的请求，并忽略掉 /favicon.ico 请求，因为该请求仅用于获取浏览器上的图标，它是一个特殊的请求。进而，我们可获取 req 对象中 Service-Name 请求头的数据，即 HelloService。当该数据不存在时，需要我们及时返回。

使用以下命令启动 Web Server：

```
$ node app.js
```

此时控制台将输出：

```
server is running at 1234
```

我们打开浏览器，并在地址栏输入 http://localhost:1234/ 来访问 index.html 页面，在页面加载时将将发送 AJAX 请求，此时观察到 app.js 应用程序控制台输出如下信息：

```
serviceName: HelloService
```

由此可见，我们成功地从请求中获取到 Service-Name 请求头中的数据。

下面我们继续扩展该应用程序，我们将使用 Node.js 连接 ZooKeeper 服务器，并根据服务名称构造对应的 ZNode 路径，最终获取地址节点所包含的服务配置。我们首先要做的是安装 node-zookeeper-client 模块：

```
npm install node-zookeeper-client -save
```

此时的 package.json 文件将变为：

```
{
  "name": "msa-sample-web",
  "version": "1.0.0",
  "dependencies": {
    "express": "^4.13.4",
    "node-zookeeper-client": "^0.2.2"
  }
}
```

随后我们才能引入该模块，创建 ZooKeeper 客户端对象，并连接 ZooKeeper 服务器。代码如下：

```
var express = require('express');
var zookeeper = require('node-zookeeper-client');

var PORT = 1234;
```

```
var CONNECTION_STRING = '127.0.0.1:2181';
var REGISTRY_ROOT = '/registry';

// 连接 ZooKeeper
var zk = zookeeper.createClient(CONNECTION_STRING);
zk.connect();

// 启动 Web 服务器
var app = express();
app.use(express.static('public'));
app.all('*', function (req, res) {
  // 处理图标请求
  if (req.path == '/favicon.ico') {
    res.end();
    return;
  }
  // 获取服务名称
  var serviceName = req.get('Service-Name');
  console.log('serviceName: %s', serviceName);
  if (!serviceName) {
    console.log('Service-Name request header is not exist');
    res.end();
    return;
  }
  // 获取服务路径
  var servicePath = REGISTRY_ROOT + '/' + serviceName;
  console.log('servicePath: %s', servicePath);
  // 获取服务路径下的地址节点
  zk.getChildren(servicePath, function (error, addressNodes) {
    if (error) {
      console.log(error.stack);
      res.end();
      return;
    }
    var size = addressNodes.length;
    if (size == 0) {
      console.log('address node is not exist');
      res.end();
```

```
      return;
    }
    // 生成地址路径
    var addressPath = servicePath + '/';
    if (size == 1) {
      // 若只有一个地址，则获取该地址
      addressPath += addressNodes[0];
    } else {
      // 若存在多个地址，则随机获取一个地址
      addressPath += addressNodes[parseInt(Math.random() * size)]
    }
    console.log('addressPath: %s', addressPath);
    // 获取服务地址
    zk.getData(addressPath, function (error, serviceAddress) {
      if (error) {
        console.log(error.stack);
        res.end();
        return;
      }
      console.log('serviceAddress: %s', serviceAddress);
      if (!serviceAddress) {
        console.log('service address is not exist');
        res.end();
        return;
      }
      // TODO
    });
  });
});
app.listen(PORT, function () {
  console.log('server is running at %d', PORT);
});
```

当我们传入 ZooKeeper 的连接字符串，并创建了 zk 客户端对象后，接下来要做的就是通过 zk 对象的 getChildren() 函数来获取服务节点下所有的地址节点，在回调函数中返回的 addressNodes 参数可能没有，可能只有一个，也可能有多个。没有是异常情况，需要及时返回，只有一个就返回这一个，有多个就随机返回一个。当我们获取地址节点的路径时，即可调用 zk

对象的 getData()函数来获取地址节点中所包含的服务地址，即回调函数中的 serviceAddress 参数，最后在控制台输出该参数的值，当该参数不存在时，也需要及时返回。

重启 app.js 应用程序，并重新刷新页面，在 Node.js 控制台中将看到如下输出：

```
serviceName: HelloService
servicePath: /registry/HelloService
addressPath: /registry/HelloService/address-0000000000
serviceAddress: 127.0.0.1:8080
```

我们可同时启动多个 HelloService 服务，并随时停止其中任何一个 HelloService 服务，观察控制台中的输出变化情况。

现在服务地址终于获取到了，下面要做的事情就是通过 Node.js 进行反向代理，调用我们已启动的目标服务地址。在完成反向代理之前，我们需使用如下命令安装 Node.js 的反向代理模块：

```
npm install http-proxy -save
```

此时的 package.json 文件将变为：

```
{
  "name": "msa-sample-web",
  "version": "1.0.0",
  "dependencies": {
    "express": "^4.13.4",
    "node-zookeeper-client": "^0.2.2",
    "http-proxy": "^1.13.3"
  }
}
```

随后，我们可在 app.js 代码中引入 http-proxy 模块，并创建代理对象，最后通过执行反向代理操作。结合以上所做的事情，添加反向代理后的代码如下：

```
var express = require('express');
var zookeeper = require('node-zookeeper-client');
var httpProxy = require('http-proxy');

var PORT = 1234;
var CONNECTION_STRING = '127.0.0.1:2181';
```

```
var REGISTRY_ROOT = '/registry';

// 连接 ZooKeeper
var zk = zookeeper.createClient(CONNECTION_STRING);
zk.connect();

// 创建代理服务器对象并监听错误事件
var proxy = httpProxy.createProxyServer();
proxy.on('error', function (err, req, res) {
  res.end(); // 输出空白响应数据
});

// 启动 Web 服务器
var app = express();
app.use(express.static('public'));
app.all('*', function (req, res) {
  // 处理图标请求
  if (req.path == '/favicon.ico') {
    res.end();
    return;
  }
  // 获取服务名称
  var serviceName = req.get('Service-Name');
  console.log('serviceName: %s', serviceName);
  if (!serviceName) {
    console.log('Service-Name request header is not exist');
    res.end();
    return;
  }
  // 获取服务路径
  var servicePath = REGISTRY_ROOT + '/' + serviceName;
  console.log('servicePath: %s', servicePath);
  // 获取服务路径下的地址节点
  zk.getChildren(servicePath, function (error, addressNodes) {
    if (error) {
      console.log(error.stack);
      res.end();
      return;
```

```
  }
  var size = addressNodes.length;
  if (size == 0) {
    console.log('address node is not exist');
    res.end();
    return;
  }
  // 生成地址路径
  var addressPath = servicePath + '/';
  if (size == 1) {
    // 若只有一个地址，则获取该地址
    addressPath += addressNodes[0];
  } else {
    // 若存在多个地址，则随机获取一个地址
    addressPath += addressNodes[parseInt(Math.random() * size)]
  }
  console.log('addressPath: %s', addressPath);
  // 获取服务地址
  zk.getData(addressPath, function (error, serviceAddress) {
    if (error) {
      console.log(error.stack);
      res.end();
      return;
    }
    console.log('serviceAddress: %s', serviceAddress);
    if (!serviceAddress) {
      console.log('service address is not exist');
      res.end();
      return;
    }
    // 执行反向代理
    proxy.web(req, res, {
      target: 'http://' + serviceAddress // 目标地址
    });
   });
  });
});
app.listen(PORT, function () {
```

```
    console.log('server is running at %d', PORT);
  });
```

我们首先需要创建一个 proxy 代理服务器对象，并监听该对象的 error 事件，这样有助于我们及时地处理相关异常错误，此时我们返回了一个空白响应，以防止浏览器出现假死现象。随后我们直接将从 ZooKeeper 中获取的服务配置作为目标地址，并调用 proxy 对象的 web() 函数，以执行反向代理操作。

至此，服务发现组件已开发完毕，我们可以重启 app.js 应用程序，并再次发送请求，此时我们可在浏览器中看到返回的数据，还能看到请求的基本信息与请求头信息。图 4-7 便是浏览器访问效果。

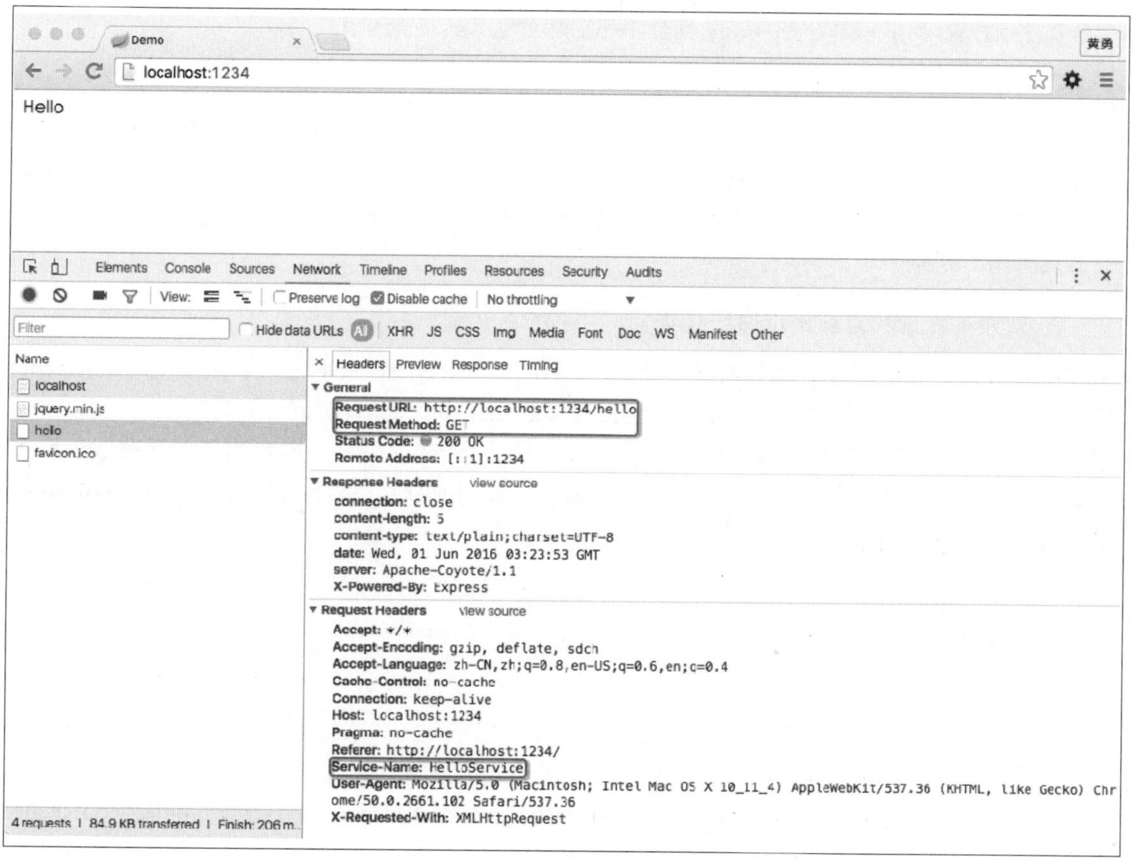

图 4-7 浏览器访问效果

4.4.4 服务发现优化方案

虽然服务发现组件基本可用了，但实际上代码中还存在大量的不足，需要我们不断进行优化，下面我们来逐一进行分析。

1. 连接 ZooKeeper 集群环境

最需要优化的地方是将单节点的 ZooKeeper 改造为多节点的集群环境，这样可确保服务注册表的高可用性。当集群环境搭建完毕后，我们需要修改 ZooKeeper 客户端对象被创建时所传入连接字符串，比如：

```
var CONNECTION_STRING = '127.0.0.1:2181,127.0.0.1:2182,127.0.0.1:2183';
var zk = zookeeper.createClient(CONNECTION_STRING);
zk.connect();
```

以上 CONNECTION_STRING 连接字符串表示连接到本地的 ZooKeeper 伪集群环境中，且该集群环境包含三个节点。当其中一个节点出现故障时，对整个集群环境不会造成任何影响。理论上节点数越多越好，但节点总数最好是奇数个，因为 ZooKeeper 集群环境要求，若半数以上节点可用，则整个集群可用。

2. 对服务发现的目标地址进行缓存

在服务网关应用程序启动的时候，连接了一次 ZooKeeper，此时应用程序就与 ZooKeeper 建立了一个会话。每当请求到来时，都会从 ZooKeeper 中查询出相关的服务配置。可见，对于相同的请求，都会重复做同样的事情。实际上，对于同一请求而言，当我们第一次获取到服务配置后，是可以将其进行缓存的，当下一次相同的请求到来时，就不需要再次查询 ZooKeeper 了。代码可以这样写：

```
var cache = {};
if (!cache[serviceName]) {
  serviceAddress = cache[serviceName];
}
```

当我们从请求头中获取到 serviceName 后，首先需要从 cache 中根据 serviceName 来查找对应的 serviceAddress。若已存在，则直接返回该 serviceAddress；若不存在，则从 ZooKeeper 中查询 serviceAddress，最终将其值放入 cache 中。

```
cache[serviceName] = serviceAddress;
```

使用此缓存方案，需要注意的是，当 ZooKeeper 中的服务配置发生变化时，需要及时清空

cache 中的数据，否则将使用无效的服务配置，从而造成调用出错。那么如何才能在第一时间内得知 ZooKeeper 服务端的数据发生了变化呢？我们只需在获取地址节点中的数据之前，首先判断一下该地址节点是否存在即可，此时还可以添加一个监视器函数来检测该节点后续可能发生的变化，比如当服务失效后地址节点被移除。代码写起来就像这样：

```
zk.exists(path, function (event) {
  if (event.NODE_DELETED) {
    cache = {}; // 清空缓存
  }
}, function (error, stat) {
  if (stat) {
    zk.getData(addressPath, function (error, serviceAddress) {
      ...
    });
  }
});
```

请大家自行完成并调试以上代码，确保功能可用。

3. 使服务网关具备高可用性

我们在第 3 章中提到过，Node.js 可利用 CPU 的多核技术来实现集群特性，可对已有程序稍作修改即可，大概的程序框架如下：

```
var cluster = require('cluster');
var os = require('os');

var CPUS = os.cpus().length;

if (cluster.isMaster) {
  for (var i = 0; i < CPUS; i++) {
    cluster.fork();
  }
} else {
  ...
}
```

请大家参考以上代码，自行改造已有程序，使之具备集群能力。

实际上，Node.js 的集群能力只能使应用程序多几次生命，但生命总是有限的，这取决于

CPU 的核心数。因为对于普通的 Node.js 应用程序而言，一旦发生异常都会停止运行并结束进程，也就是说，无法做到让自己死而复生。

那么，当 Node.js 应用程序在遇到异常情况时，如何使其具备重生的能力呢？

Node.js 社区提供了一款名为 forever 的模块，它就能做到这件事情。我们只需使用以下命令安装该模块即可：

```
$ npm install forever -g
```

需要注意的是，我们需要在以上命令中使用 -g 选项，它用来全局安装，也就是说，安装完毕后，我们可在命令行中使用 forever 命令，该命令用于启动 Node.js 应用程序，并使之保持永不停止。使用方法如下：

```
$ forever app.js
```

以上命令表示在前台运行 Node.js 应用程序，如果我们需要将 Node.js 应用程序作为服务在后台运行，则需使用如下命令：

```
$ forever start app.js
```

此外，我们还可以通过以下命令停止后台运行的 Node.js 应用程序：

```
$ forever stop app.js
```

如果想更进一步了解 forever 的高级用法，不妨访问以下地址来获取。

forever: https://www.npmjs.com/package/forever。

4.4.5 服务发现模式

服务发现（Service Discovery）是一种微服务架构核心模式，它一般与服务注册模式共同使用，在微服务网站上介绍过两种服务发现模式。

（1）客户端发现：http://microservices.io/patterns/client-side-discovery.html。

（2）服务端发现：http://microservices.io/patterns/server-side-discovery.html。

其中“客户端发现”指的是服务发现机制在客户端中实现，而“服务端发现”指的是服务发现机制通过一个路由中间件来实现。我们目前使用 Node.js 实现的正是服务端发现这种模式，因为 Node.js 实际上作为了一个独立的中间件来提供服务发现功能。如果我们将服务发现功能放入前端 JS 中，则为客户端发现模式。

Netfli 开源了一款基于 Java 的 HTTP 客户端组件，名为 Ribbon，它可查询 Netflix Eureka，将 HTTP 请求路由到可用的服务接口上。

Ribbon：https://github.com/Netflix/ribbon。

4.5　本章小结

本章我们学习了 ZooKeeper 的基本原理与使用方法，ZooKeeper 内部包含一个 Znode 树状模型，而且非常方便地就能搭建一个 ZooKeeper 集群环境。随后我们学习了几种 ZooKeeper 客户端工具，包括命令行客户端、Java 客户端、Node.js 客户端。我们用 Java 客户端开发了"服务注册"组件，它是整个微服务架构中的"服务注册表"。我们还用 Node.js 客户端开发了"服务发现"组件，它用于在服务注册表中根据具体的服务名称获取对应的服务配置。当然，本章所涉及的内容仅用于描述核心实现逻辑，程序代码中难免会有些漏洞或欠缺考虑的地方，建议大家在此基础之上并根据自身的实际情况加以取舍。

微服务架构要求我们每个服务需要保持单一职责，也就是说，我们需要确保每个服务是独立部署且独立运行的。在下一章中我们将讨论一种流行的容器技术：Docker，它可以将我们开发的 Spring Boot 应用程序加以封装，并进行隔离。也就是说，我们部署的服务不再是一个个 jar 包，而是一个独立运行的环境，在 Docker 的世界中称这样的环境为"镜像"。

第 5 章 微服务封装

- 5 微服务封装
  - 5.1 Docker 是什么
    - 5.1.1 Docker 简介
    - 5.1.2 虚拟机与 Docker 对比
    - 5.1.3 Docker 的特点
    - 5.1.4 Docker 系统架构
    - 5.1.5 安装 Docker
  - 5.2 如何使用 Docker
    - 5.2.1 Docker 镜像常用操作
    - 5.2.2 Docker 容器常用操作
    - 5.2.3 Docker 命令汇总
  - 5.3 手工制作 Java 镜像
    - 5.3.1 下载 JDK
    - 5.3.2 启动容器
    - 5.3.3 提交镜像
    - 5.3.4 验证镜像
  - 5.4 使用 Dockerfile 构建 Java 镜像
    - 5.4.1 了解 Dockerfile 基本结构
    - 5.4.2 使用 Dockerfile 构建镜像
    - 5.4.3 Dockerfile 指令汇总
  - 5.5 使用 Docker Registry 管理镜像
    - 5.5.1 使用 Docker Hub
    - 5.5.2 搭建 Docker Registry
  - 5.6 Spring Boot 与 Docker 集成
    - 5.6.1 搭建 Spring Boot 应用程序框架
    - 5.6.2 为Spring Boot 应用添加 Dockerfile
    - 5.6.3 使用 Maven 构建 Docker 镜像
    - 5.6.4 启动 Spring Boot 的 Docker 容器
    - 5.6.5 调整 Docker 容器内存限制
  - 5.7 本章小结

我们使用 Spring Boot 开发了许多服务，每个服务都以 jar 包的形式存在，可将这些 jar 包部署到不同的服务器上，并通过 java -jar 命令来运行这些服务。当服务启动后，会将自身的配置信息注册到“服务注册表”中。所有的客户端请求都会进入“服务网关”，服务网关首先从服务注册表中根据当前请求中的服务名称来获取对应的服务配置（该过程称为“服务发现”），随后服务网关通过服务配置直接调用已发布的服务（该过程称为“反向代理”）。

这样的架构看似不错，但我们会发现维护并管理每个服务会带来巨大的成本。比如，我们每次发布一个服务都必须做这三件事情：编译、打包、部署。这三件事情看似容易，实际上却相当烦琐，尤其是服务数量较多的场景，其实我们想要的只是一个可以运行的 jar 包而已。再比如，在微服务架构中，每个服务可能由不同的编程语言来实现，运行服务还需依赖于不同的环境，想要将服务跑起来，必须首先安装支持它的运行环境，然而安装运行环境往往比运行服务更加烦琐。

面对这些问题，我们需要想办法将服务及其运行环境加以封装，并确保将这个封装后的产物作为我们的交付物，这个交付物可以随时构建、装载、运行。有什么好的技术可以做到这些呢？Docker 正是为此而生的。本章我们将学习如何使用 Docker 对服务进行封装，并通过更加高效的方式来交付我们开发的服务。

5.1 Docker 是什么

Docker 在英文中是“码头工人”的意思，大家可以想象，在码头上有很多工人，他们正在忙于装载货物。首先将货物放入集装箱中，然后将集装箱放在货船上，货船将这些集装箱以及其中的货物运送到指定的目的地。

但我们本章要探讨的并不是码头工人，而是席卷全球的轻量级容器技术 Docker。好了，货船已经鸣笛，即将起航，让我们共同踏上这段奇妙的 Docker 探险之旅。

5.1.1 Docker 简介

在 2013 年，dotCloud 公司发布了一款名为 Docker 的开源软件，仅花了 1 年左右的时间，Docker 几乎动摇了传统虚拟化技术的统治地位，越来越多的公司开始逐步使用 Docker 来替换现有的虚拟化技术。正是因为 Docker 太红，就连 dotCloud 公司也因此而改名为 Docker 公司了，并基于 Docker 技术推出了一系列的相关生态产品，比如 Docker Engine、Docker Machine、Docker Toolbox、Docker Compose、Docker Hub、Docker Registry、Docker Swarm、Docker Notary、Docker Cloud、Docker Store 等。可见，Docker 公司在正确的时间，做了正确的事情，顺应了正确的趋势。

我们可通过 Docker 官网全面了解 Docker 相关技术，如图 5-1 所示。

Docker 官网地址：http://www.docker.com/。

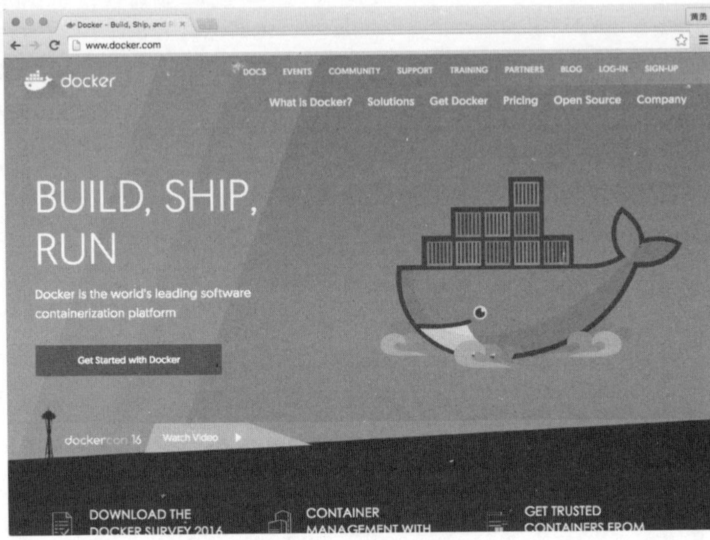

图 5-1 Docker 官网

谷歌、微软、亚马逊等公司率先在自己的云平台上支持了 Docker，随后国内的阿里巴巴、腾讯、华为等公司也支持了 Docker，还有大量的互联网与软件公司正在使用 Docker 构建自己的产品。

Docker 基于 Go 语言开发，性能非常优秀，源码存放在 Github 上，如图 5-2 所示。

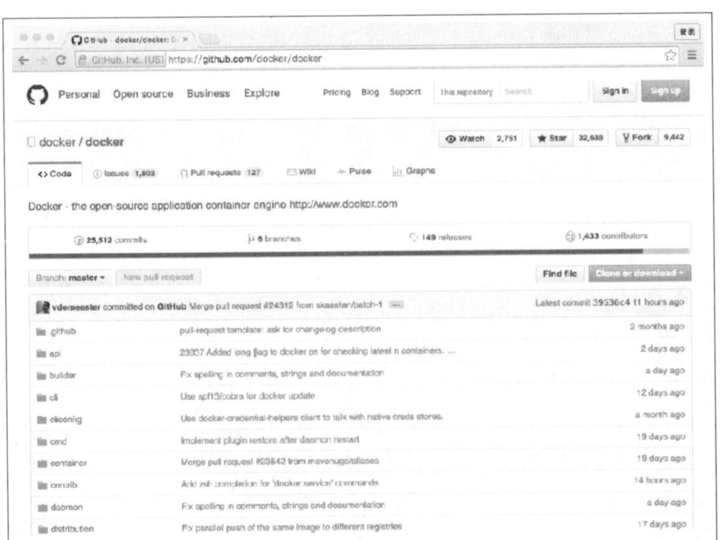

图 5-2 Docker Github

Docker 源码地址：https://github.com/docker/docker。

截止到目前，Docker 源码已有 3 万多次 Star，近 1 万次 Fork。可见，Docker 在 Github 上受关注的程度相当之大，从开源市场上来看，也证明了 Docker 是相当成功的。

其实 Docker 的图标就能很生动地表达了它的含义，如图 5-3 所示。

图 5-3　Docker 图标

图 5-3 中是一只可爱的鲸鱼，托着许多集装箱，漂浮在云上。在 Docker 的世界中，这只鲸鱼就是 Docker 引擎（Docker Engine），上面一个个集装箱就是 Docker 容器（Docker Container），Docker 引擎可运行在基于 Docker 的云平台（Docker Cloud）上。

这里出现了几个核心概念，什么是 Docker 引擎？什么又是 Docker 容器？下面我们会为大家逐一描述。

我们首先来认识一下 Docker 引擎。

1. Docker 引擎（Docker Engine）

Docker 引擎可理解为一个运行在服务器上的后台进程，也称为 Docker Daemon，还有很多人称它为 Docker 服务，因为它本质上就是一个服务，只要我们启动该服务，我们就能随时使用它。我们可通过 Docker 命令客户端发送相关 Docker 命令，并与 Docker 引擎进行通信。

2. Docker 客户端（Docker Client）

实际上 Docker 客户端有两种，一种是我们刚提到的 Docker 命令客户端，只要我们打开命令终端窗口，并输入相关 Docker 命令，就能操作 Docker 引擎。另一种 Docker 客户端是 REST API 客户端，我们一般会在应用程序中通过 REST API 与 Docker 引擎发生交互。本章我们将重点放在 Docker 命令客户端方式上，请大家自行学习 REST API 客户端。

3. Docker 镜像（Docker Images）

Docker 镜像有点类似于我们曾经使用的光盘，光盘上刻录了数据，我们只需将光盘放入光驱中，就能读取光盘中的数据。同样，我们只需获取 Docker 镜像（光盘），就能将其载入到 Docker 引擎（光驱）中，并运行 Docker 镜像中的程序。一般情况下，我们首先需要将程序打包到 Docker 镜像中，随后才能将 Docker 镜像交给其他人使用。

4. Docker 容器（Docker Containers）

当我们获取到 Docker 镜像以后，可随时运行该 Docker 镜像，此时便会启动一个 Docker 容器，该容器中将运行镜像中封装的程序。如果我们将 Docker 镜像理解为 Java 类的话，那么 Docker 容器就相当于 Java 实例。在同一个 Docker 镜像上理论上可运行无数个 Docker 容器，只要机器性能足够好。

5. Docker 镜像注册中心（Docker Registry）

Docker 官方提供了一个叫作 Docker Hub 的镜像注册中心（Docker Registry），用于存放公开和私有的 Docker 镜像仓库（Docker Repository）。也就是说，我们可随时通过 Docker Hub 拉取（下载）Docker 镜像，也可自由将自己创建的 Docker 镜像推送（上传）到 Docker Hub 上，只是在上传时需要先注册 Docker 用户，获取 Docker ID，通过用户名与密码登录 Docker Hub，进行身份认证。需要注意的是，一个 Docker Registry 可以包含多个 Docker Repository。

Docker Hub 的地址：https://hub.docker.com/。

我们可在 Docker Hub 中浏览并搜索 Docker 官方提供的镜像仓库，如图 5-4 所示。

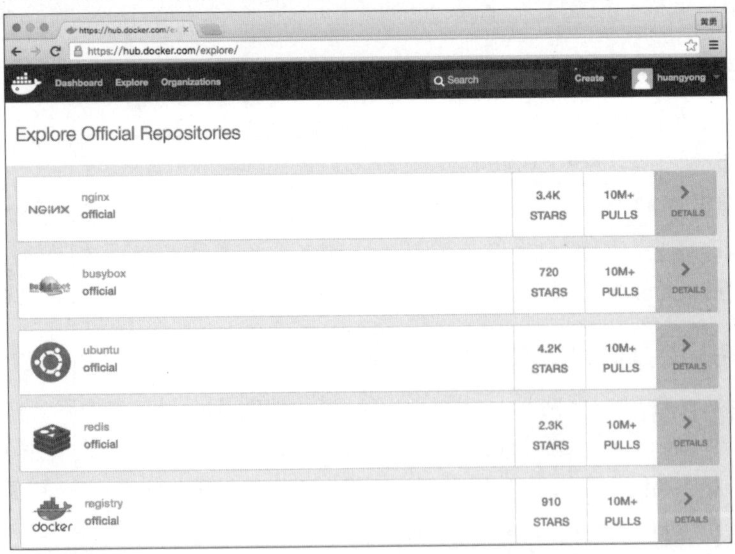

图 5-4　在 Docker Hub 官方镜像仓库

我们可以看到每个镜像仓库的收藏数（STARS）与下载数（PULLS），也可以查看每个镜像仓库的详细信息（DETAILS）。

由于种种原因，我们不打算把镜像放入公共的 Docker Hub 中，更加希望的是在局域网内部搭建一个私有的 Docker Hub。Docker 官方已经将 Docker Hub 的核心组件 Docker Registry

进行了开源，我们不仅可以免费获取 Docker Registry 的源码，还能随时获取 Docker Registry 的镜像，可在局域网内部快速搭建一套私有的 Docker 镜像注册中心。

5.1.2 虚拟机与 Docker 对比

Docker 本质上为我们提供了一个“沙箱（Sandbox）”环境，它能将应用程序进行封装，并提供了与虚拟机相似的隔离性，但这种隔离性却是相当轻量的。那么虚拟机与 Docker 究竟有哪些区别呢？我们下面一起来探讨。

当我们需要在宿主机上运行一个虚拟操作系统时，首先需要安装一个虚拟机软件，常用的虚拟机软件比如 Oracle VirtualBox 或 VMware Workstation 等，随后我们可使用虚拟机镜像文件，在虚拟机软件上安装虚拟机操作系统。此时，虚拟机软件需要模拟硬件与网络资源，会占用大量的系统开销。一般情况下，在一台普通的服务器上，最多只能启动几十个虚拟机，而且启动虚拟机的速度一般要几分钟，甚至更长时间。

若我们使用 Docker 来实现虚拟化技术，则只需先在宿主机上安装一个 Docker 引擎，随后可从 Docker 镜像仓库中下载所需的 Docker 镜像，并启动相应的 Docker 容器。此时，Docker 引擎完全利用宿主机的硬件与网络资源，占用的系统开销较少。一般情况下，在一台普通的服务器上，可启动上千个 Docker 容器。

用一张图来对比虚拟机与 Docker 的差异性，如图 5-5 所示。

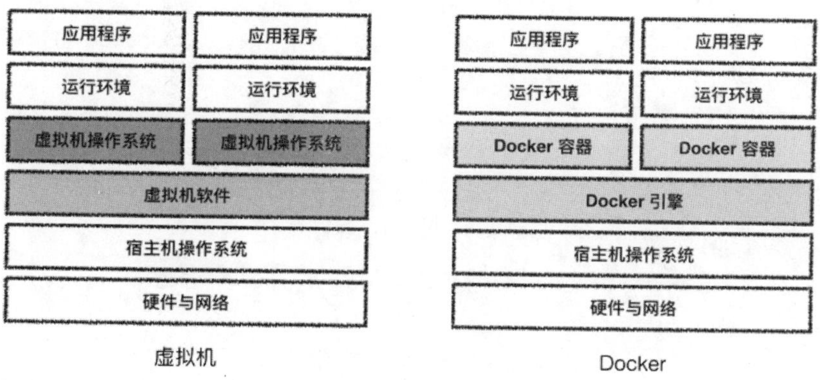

图 5-5　虚拟机与 Docker 对比

从结构上来看，这两种架构是非常类似的，但在本质上却相差甚远。

5.1.3 Docker 的特点

Docker 是通过在底层上封装了 Linux 容器技术（LXC）来实现的，换句话说，Docker 没有创造出任何新的技术，仅仅只是“新瓶装老酒”而已。那么，Docker 究竟有哪些特点来吸引我们去使用它呢？

我们归纳了 Docker 的四大特点：

1. 快速运行

启动虚拟机需要几分钟，而启动 Docker 容器却只需几秒钟，开发效率瞬间提升了。

2. 节省资源

Docker 容器运行在 Docker 引擎之上，可直接利用宿主机硬件资源，无须占用过多的系统开销。

3. 便于交付

传统的软件交付物是程序，而在 Docker 时代的交付物却是镜像，镜像不仅封装了程序，还包含了运行程序所需的相关环境。

4. 容易管理

可通过 Docker 客户端直接操作 Docker 引擎，非常方便地管理 Docker 镜像与容器。

5.1.4 Docker 系统架构

我们不妨借用 Docker 官方文档上描绘的一幅架构图，来表达 Docker 客户端、Docker 引擎、Docker 镜像注册中心三者之间的关系，如图 5-6 所示。

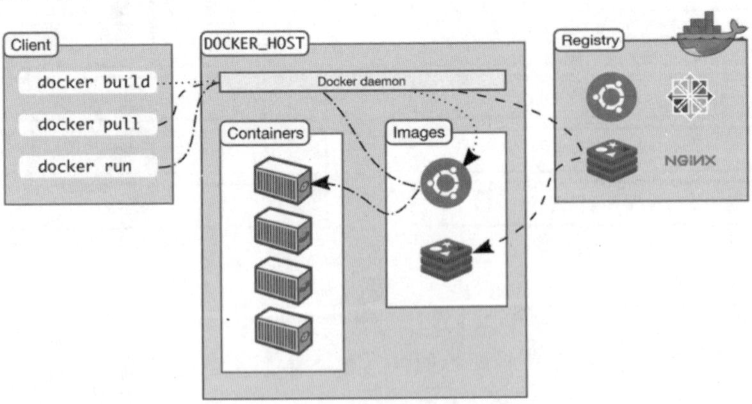

图 5-6 Docker 系统架构

图 5-6 中包含三部分。

（1）Client：表示 Docker 客户端，可通过 docker build 命令创建 Docker 镜像；可通过

docker pull 命令拉取 Docker 镜像；可通过 docker run 命令运行 Docker 镜像，从而启动 Docker 容器。

（2）DOCKER_HOST：表示运行 Docker 引擎的宿主机，其中包括 Docker daemon 后台进程，可通过该进程来创建 Docker 镜像，并在 Docker 镜像上启动 Docker 容器。

（3）Registry：表示 Docker 官方镜像注册中心，其中包含了大量的 Docker 镜像仓库，可通过 Docker 引擎拉取所需的 Docker 镜像到宿主机上。

5.1.5 安装 Docker

Docker 官方建议我们将 Docker 引擎运行在 Linux 操作系统上，当然也可以运行在 Mac OSX 或 Windows 操作系统上，只是不推荐在生产环境下使用而已。

对于 Linux 而言，可以直接运行 Docker 引擎，如图 5-7 所示。

对于 Mac OSX 或 Windows 而言，需要通过 Linux VM（虚拟机软件）才能运行 Docker 引擎，如图 5-8 所示。

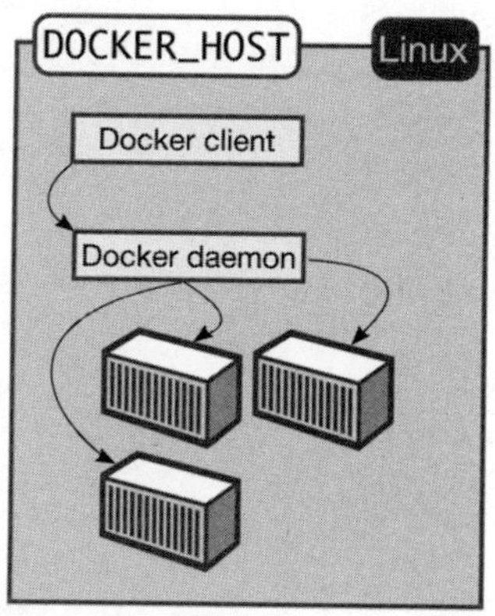

图 5-7 在 Linux 中运行 Docker

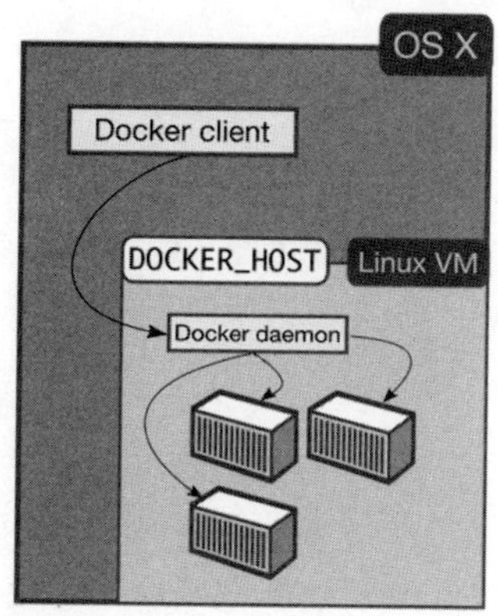

图 5-8 在 Mac OSX 或 Windows 中运行 Docker

目前 Docker 已经可以直接运行在 Mac OSX 或 Windows 操作系统上了，只是还处于 Beta 版本而已，主要功能已实现，但不排除有细节 Bug，不建议在生产环境下使用。

下面我们分别在 CentOS 与 Mac OSX 操作系统上安装 Docker，大家可以一起动手来实践。

1. 在 CentOS 中安装 Docker

在 Linux 操作系统上安装 Docker，需要同时满足以下几个条件：

- CPU 必须为 64 位；

- Linux 内核必须在 3.10 版本以上。

可使用 uname -a 命令获取以上信息。

下面我们在 CentOS 7 上安装 Docker，操作步骤如下所示。

第一步：更新 yum 包

为了安装最新版本的 Docker，我们需要使用如下命令更新 yum 包：

```
$ yum update
```

第二步：添加 yum 的 Docker 包仓库

```
$ tee /etc/yum.repos.d/docker.repo <<-'EOF'
[dockerrepo]
name=Docker Repository
baseurl=https://yum.dockerproject.org/repo/main/centos/7/
enabled=1
gpgcheck=1
gpgkey=https://yum.dockerproject.org/gpg
EOF
```

第三步：安装 Docker 引擎

使用以下命令安装 Docker 引擎：

```
$ yum install docker-engine
```

第四步：启动 Docker 引擎服务

安装 Docker 引擎完毕后，可使用以下命令启动 Docker 引擎服务：

```
$ service docker start
```

第五步：查看 Docker 版本号

使用以下 Docker 客户端命令查看 Docker 版本号：

```
$ docker version
```

2. 在 Mac OSX 中安装 Docker

在 Mac OSX 中安装 Docker，可使用以下两种方式：

- 使用 Docker Toolbox 安装；
- 使用 Docker for Mac 安装。

下面我们分别就这两种方式进行说明。

1）使用 Docker Toolbox 安装

Docker Toolbox 是 Docker 官方提供的工具箱，主要包括了以下几个工具：

（1）Docker Machine：一款虚拟机管理工具（以前叫做 Boot2Docker），它是封装了 Oracle VirtualBox 虚拟机软件，可使用 docker-machine 客户端命令操作 Docker Machine。

（2）Docker Engine：Docker 引擎，可使用 docker 客户端命令操作 Docker Engine。

（3）Docker Compose：一款服务编排工具（以前叫作 Fig），可使用 docker-compose 客户端命令操作 Docker Compose。

（4）Kitematic：一款 Docker 图形化管理工具，可连接 Docker Hub，并管理镜像与容器，目前仍处于 Beta 测试版。

除了 Mac OSX 版本，还有 Windows 版本。可通过以下地址下载 Docker Toolbox：https://www.docker.com/products/docker-toolbox，如图 5-9 所示。

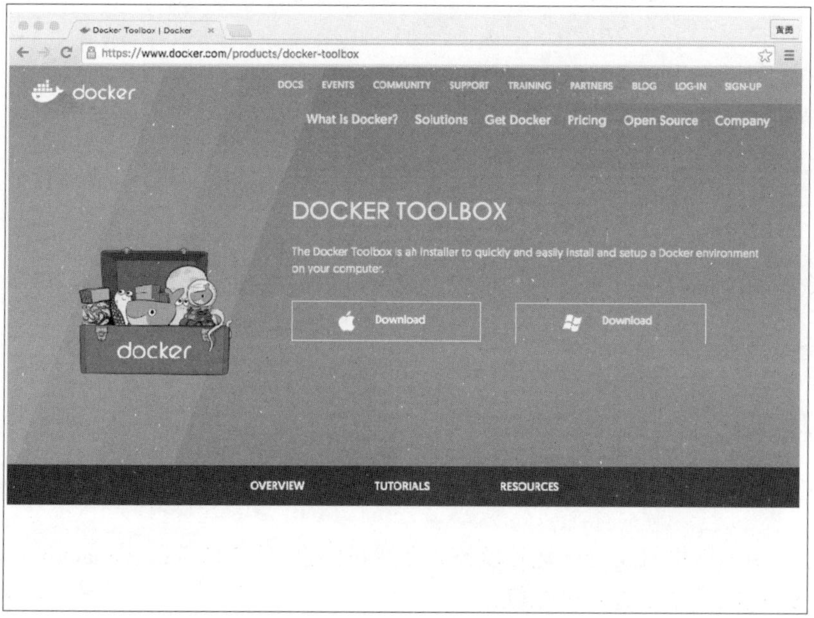

图 5-9　Docker Toolbox

Docker Toolbox 的安装过程非常简单，只需根据安装向导继续即可。安装完毕后，我们可打开命令行终端，使用 docker-machine 命令来控制 Docker 虚拟机。

我们可通过以下命令列举所有的虚拟机：

```
$ docker-machine ls
```

输出信息如下：

```
NAME      ACTIVE   DRIVER       STATE     URL   SWARM   DOCKER    ERRORS
default   -        virtualbox   Stopped                 Unknown
```

该虚拟机的名称为 default，当前未激活，基于 virtualbox 驱动器，状态为 Stopped（已停止）。

我们可通过以下命令启动 default 虚拟机：

```
$ docker-machine start
```

输出信息如下：

```
Starting "default"...
(default) Check network to re-create if needed...
(default) Waiting for an IP...
Machine "default" was started.
Waiting for SSH to be available...
Detecting the provisioner...
Started machines may have new IP addresses. You may need to re-run the
`docker-machine env` command.
```

以上信息说明虚拟机已启动完毕，随后可通过以下命令查看虚拟机状态：

```
$ docker-machine status
```

输出信息如下：

```
Running
```

以上信息说明该虚拟机正处于运行状态，当然我们也可通过 docker-machine ls 命令列出其状态，随后可通过以下命令进入虚拟机：

```
$ docker-machine ssh
```

输入信息如下：

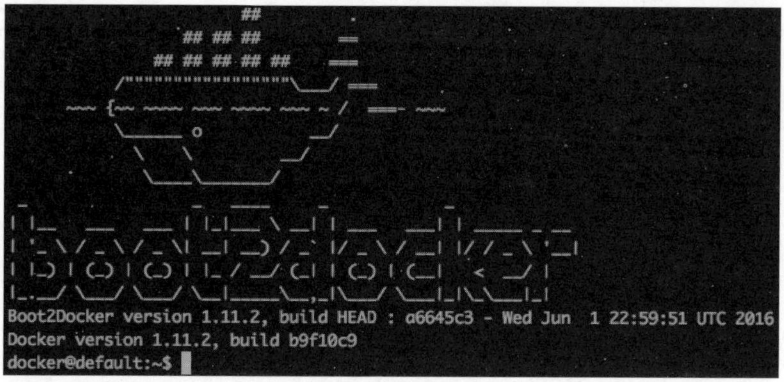

以上信息说明已通过 SSH 安全通道成功进入 Boot2Docker 虚拟机，此时可直接通过 docker 命令操作 Docker 引擎。此外，在 Boot2Docker 虚拟机中可通过 /Users/ 路径来访问 Mac OSX 磁盘中的文件。

不知大家是否观察到，当我们启动 Boot2Docker 虚拟机时，在输出信息中出现了以下提示：

```
Started machines may have new IP addresses. You may need to re-run the `docker-machine env` command.
```

我们可执行 docker-machine env 命令来获取相关环境变量：

```
export DOCKER_TLS_VERIFY="1"
export DOCKER_HOST="tcp://192.168.99.100:2376"
export DOCKER_CERT_PATH="/Users/huangyong/.docker/machine/machines/default"
export DOCKER_MACHINE_NAME="default"
# Run this command to configure your shell:
# eval $(docker-machine env)
```

其中 DOCKER_HOST 环境变量表示 Docker 宿主机的连接方式，包括协议、IP 地址、端口号，此处的 192.168.99.100 就表示 Boot2Docker 虚拟机（它是 Docker 引擎的宿主机）的 IP 地址。由于我们目前只是连接本地 Boot2Docker，所以无须设置这些环境变量就能正常使用。换句话说，如果我们需要连接远程 Boot2Docker，就需要手动设置这些环境变量了。

还有几个命令也比较常用，下面我们稍作解释：

- docker-machine stop：停止 Docker 虚拟机，停止后可通过 docker-machine start 命令来启动。
- docker-machine restart：重启 Docker 虚拟机，相当于先停止、后启动。

- docker-machine ip：查看 Docker 虚拟机的 IP 地址，即宿主机 的 IP 地址，外界需通过该地址访问 Docker 容器。
- docker-machine inspect：查看 Docker 虚拟机的基本信息，返回一个 JSON 数据，所包含的信息非常丰富。

可输入以下命令查看 Docker Machine 的所有命令及其相关说明：

```
$ docker-machine help
```

当我们不太清楚某些命令的具体用法时，可通过以下方式来查询使用帮助，例如：

```
$ docker-machine xxx --help
```

其中，xxx 表示具体操作命令。

Docker Machine 还包含了其他相关命令，由于篇幅有限，请大家自行学习。

2）使用 Docker for Mac 安装

如果仅个人学习或研究，推荐大家在 Mac OSX 上直接安装 Docker for Mac，我们可以不再通过 Docker Machine 连接到 Boot2Docker 虚拟机，而是直接在 Mac OSX 操作系统上安装并使用 Docker。

需要注意的是，Docker for Mac 目前仍然处于 Beta 测试阶段，不要在生产环境下使用。此外，在 Windows 10 上也有对应的 Docker for Windows。

下面我们将进一步学习 Docker 的使用方法，不妨以 Docker 客户端命令行为例，便于对 Docker 的核心概念与原理加以理解。

5.2 如何使用 Docker

镜像与容器是 Docker 引擎的两大核心概念，本节我们将以 Docker 命令客户端方式对这些核心概念进行描述，大家也可通过本节快速掌握 Docker 命令的使用方法。

我们不妨从镜像开始，首先学习几个关于镜像的常用操作。

5.2.1 Docker 镜像常用操作

1. 列出镜像

使用以下命令可列出本地可用的镜像：

```
$ docker images
```

执行以上命令后，大家会看到了一个空表格，因为我们本地目前还没有任何镜像，下面我们将从 Docker Hub 镜像注册中心拉取一个 CentOS 镜像。

2. 拉取镜像

使用以下命令可在 Docker Hub 中拉取 CentOS 镜像：

```
$ docker pull centos
```

执行以上命令后，Docker 客户端将连接 Docker Hub，并自动从 CentOS 镜像仓库中下载最新版本的 CentOS 镜像。下载完成后，可再次通过 `docker images` 命令列出镜像：

```
$ docker images
REPOSITORY TAG    IMAGE ID      CREATED        SIZE
centos     latest d0e7f81ca65c  3 months ago   196.6 MB
```

以上表格中包含 5 个字段，意义如下：

（1）REPOSITORY：表示镜像仓库的名称，由于我们拉取的是 centos 镜像，该镜像存放在同名的 centos 镜像仓库中。

（2）TAG：表示镜像的标签，一般情况下带有具体的版本或别名，此处的 latest 表示最新版本。

（3）IMAGE ID：表示镜像的标识符，称为“镜像 ID”，具备唯一性，此处看到是一串 12 位的字符串，实际上它是 64 位完整镜像 ID 的缩略表达形式。

（4）CREATED：表示镜像的创建时间，使用离现在的时间来表示。

（5）SIZE：表示镜像的字节大小，可见当前的 centos 镜像只有 196.6 MB，它实际上是一个 CentOS 操作系统的精简版。

如果我们不确定镜像仓库的名字也没关系，因为可以在 Docker Hub 中通过镜像关键字进行搜索，当然也可以通过 Docker 命令的方式进行搜索。

3. 搜索镜像

使用以下命令在 Docker Hub 中搜索 CentOS 镜像：

```
$ docker search centos
```

执行以上命令后，将输出带有 `centos` 关键字的镜像仓库：

```
NAME                         DESCRIPTION                                     STARS   OFFICIAL   AUTOMATED
centos                       The official build of CentOS.                   2394    [OK]
jdeathe/centos-ssh           CentOS-6 6.8 x86_64 / CentOS-7 7.2.1511 x8...   25                 [OK]
nimmis/java-centos           This is docker images of CentOS 7 with dif...   12                 [OK]
million12/centos-supervisor Base CentOS-7 with supervisord launcher, h...   12                 [OK]
consol/centos-xfce-vnc       Centos container with "headless" VNC sessi...   10                 [OK]
torusware/speedus-centos     Always updated official CentOS docker imag...   8                  [OK]
nickistre/centos-lamp        LAMP on centos setup                            4                  [OK]
nathonfowlie/centos-jre      Latest CentOS image with the JRE pre-insta...   3                  [OK]
centos/mariadb55-centos7                                                     3                  [OK]
consol/sakuli-centos-xfce    Sakuli end-2-end testing and monitoring co...   2                  [OK]
timhughes/centos             Centos with systemd installed and running       1                  [OK]
blacklabelops/centos         CentOS Base Image! Built and Updates Daily!     1                  [OK]
darksheer/centos             Base Centos Image -- Updated hourly             1                  [OK]
kz8s/centos                  Official CentOS plus epel-release               0                  [OK]
grossws/centos               CentOS 6 and 7 base images with gosu and l...   0                  [OK]
ericuni/centos               centos dev                                      0                  [OK]
dmglab/centos                CentOS with some extras - This is for the ...   0                  [OK]
jsmigel/centos-epel          Docker base image of CentOS w/ EPEL installed   0                  [OK]
aguamala/centos              CentOS base image                               0                  [OK]
repositoryjp/centos          Docker Image for CentOS.                        0                  [OK]
grayzone/centos              auto build for centos.                          0                  [OK]
harisekhon/centos-scala      Scala + CentOS (OpenJDK tags 2.10-jre7 - 2...   0                  [OK]
januswel/centos              yum update-ed CentOS image                      0                  [OK]
ustclug/centos               USTC centos                                     0                  [OK]
sgfinans/docker-centos       CentOS with a running sshd and Docker           0                  [OK]
```

以上表格中包含 5 个字段，意义如下：

（1）NAME：表示镜像仓库的名称，此时出现了两种风格的命令方式，若名称中不带 / 符号的镜像仓库，则表示 Docker 官方发布的仓库（称为“官方仓库”），否则表示有其他用户公开的仓库（称为“个人仓库”），第一段表示该用户拥有的 Docker ID，具备唯一性。

（2）DESCRIPTION：表示镜像仓库的描述，此处只显示了一部分描述。

（3）STARS：表示镜像仓库的收藏数，用户可在 Docker Hub 上对镜像仓库进行收藏，一般可通过该数字体现镜像仓库受欢迎的程度。

（4）OFFICIAL：表示是否为官方仓库，需要说明的是，官方仓库具有更高的安全性。

（5）AUTOMATED：表示是否自动构建镜像仓库，用户可将自己的 Docker Hub 绑定到

Github 或 Bitbucket 账号上，当代码提交后，可自动构建镜像仓库。

镜像既然可以从 Docker Hub 上下载，那么可以导出为一份文件，以供其他人导入并使用吗？

4. 导出与导入镜像

使用以下命令导出 CentOS 镜像为一个 tar 文件（镜像包）：

```
$ docker save centos > centos.tar
```

若不指定导出的 tar 文件路径，则导出的 centos.tar 文件在当前目录上。

导出的 centos.tar 镜像包文件可随时在另一台 Docker 机器上导入，命令如下：

```
$ docker load < centos.tar
```

当我们获取了 CentOS 镜像后，就能基于该镜像启动相应的容器，我们下面将会学习一些容器的常用操作。

5.2.2 Docker 容器常用操作

1. 创建并启动容器

使用以下命令在运行 CentOS 镜像，从而创建并启动 CentOS 容器：

```
$ docker run -i -t centos /bin/bash
```

以上命令比较复杂，既有选项又有参数，我们展开分析一下。

（1）-i 选项：表示启动容器后，打开标准收入设备（STDIN），可使用键盘进行输入。

（2）-t 选项：表示启动容器后，分配一个伪终端（pseudo-TTY），将与服务器建立一个会话。

（3）centos 参数：表示需要运行的镜像名称，标准格式为 centos:latest，若为 latest 版本，则可省略。

（4）/bin/bash 参数：表示运行容器中的 bash 应用程序，因为我们此时并不需要运行其他程序，只想进入到容器中。

需要注意的是，该命令实际上首先从本地获取 CentOS 镜像，若本地没有此镜像，则从 Docker Hub 拉取 CentOS 镜像并放入本地，随后才能根据 CentOS 镜像创建并启动 CentOS 容器。

执行以上命令后，将在几秒内启动容器，并直接进入容器中，此时可看到容器的命令提示符：

```
root@16c4f9c831cf:/#
```

可见，命令提示符包括以下三部分：

（1）root：表示当前登录的用户名，为超级管理员，默认情况下，都是以超级管理员身份进入 Docker 容器的。

（2）16c4f9c831cf：表示容器的标识符，一般称为“容器 ID”，具备唯一性，此处看到是一串 12 位的字符串，实际上它是 64 位完整镜像 ID 的缩略表达形式。

（3）/：表示当前路径，即输入 pwd 命令所返回后的结果。

我们可在 # 符号后输入 Linux 命令，可执行 exit 命令退出容器。

2. 列出容器

使用以下命令列出运行中的容器：

```
$ docker ps
```

执行以上命令后，大家会看到了一个空表格，说明此时没有容器在运行。当我们启动一个容器后，再通过另一个终端去执行以上命令，则会看到如下信息：

```
CONTAINER ID  IMAGE   COMMAND      CREATED      STATUS       PORTS  NAMES
197beb401e65  centos  "/bin/bash"  8 hours ago  Up 5 seconds        ecstatic_khorana
```

以上表格中包含 7 个字段，具体的意义如下所示。

（1）CONTAINER ID：表示容器 ID，前面已描述。

（2）IMAGE：表示镜像名称，前面已描述。

（3）COMMAND：表示启动容器时运行的命令，Docker 要求我们在启动容器时需要运行一个命令。

（4）CREATED：表示容器创建的时间，由于容器尚未设置为中国时区，因此显示为 8 hours ago。

（5）STATUS：表示容器运行的状态，例如，Up 表示运行中，Exited 表示已退出（已停止）。

（6）PORTS：表示容器需要对外暴露的端口号，后面会加以描述。

（7）NAMES：表示容器的名称，由 Docker 引擎自动生成，也可在 docker run 命令中通

过 --name 选项来指定。

docker ps 命令包括一些常用选项，下面分别描述。

- -a：表示列出所有的容器，包含所有状态（运行中与已停止）。
- -l：表示列出最近创建的容器，包括所有状态。
- -n：表示列出 n 个最近创建的容器，包括所有状态。
- -q：表示仅列出 CONTAINER ID 字段。
- -s：表示在输出表格中增加一个 SIZE 字段，用于描述容器的大小。

3. 进入容器

使用以下命令进入运行中的容器（需指定容器 ID 或容器名称）：

```
$ docker attach 197beb401e65
```

需要注意的是，只能进入运行中的容器，而不能进入已停止的容器。此外，当打开多个终端并进入容器时，在一个终端中执行了某命令，该命令将自动同步到其他终端中。例如，在一个终端中执行了 exit 命令，将从终端中退出容器，此时其他终端也会自动退出容器。我们发现有时进入到容器中，需要敲一下回车才能看到命令提示符。

4. 执行命令

使用以下命令向运行中的容器执行具体的命令（需指定容器 ID 或容器名称）：

```
$ docker exec -i -t 197beb401e65 ls -l
```

该命令拥有与 docker run 命令意义相同的 -i 与 -t 选项，在容器 ID 后需指定想要执行的命令，此处的 ls -l 表示列出容器中当前的目录结构。

5. 停止容器

使用以下命令停止运行中的容器（需指定容器 ID 或容器名称）：

```
$ docker stop 197beb401e65
```

使用该命令可对容器发送 SIGTERM 信号，将等待一段很短的时间，再对容器发送 SIGKILL 信号，立即终止容器。

6. 终止容器

使用以下命令终止运行中的容器（需指定容器 ID 或容器名称）：

```
$ docker kill 197beb401e65
```

使用该命令可对容器发送 SIGKILL 信号，立即终止容器。

7. 启动容器

使用以下命令启动已停止的容器（需指定容器 ID 或容器名称）：

```
$ docker start 197beb401e65
```

8. 重启容器

使用以下命令重启运行中的容器（需指定容器 ID 或容器名称）：

```
$ docker restart 197beb401e65
```

该命令实际上首先执行 docker stop 命令，然后执行 docker start 命令。

9. 删除容器

使用以下命令删除已停止的容器（需指定容器 ID 或容器名称）：

```
$ docker rm 197beb401e65
```

需要注意的是，通过以上命令，只能删除已停止的容器，而不能删除运行中的容器。若使用 -f 选项，则可对容器发送 SIGKILL 信号，将强制删除运行中的容器。

遗憾的是，Docker 并没有提供一次性删除所有容器的方法，不过我们可使用如下技巧来完成：

```
$ docker rm -f $(docker ps -a -q)
```

以上命令会优先执行 $() 中的命令 docker ps -a -q，该命令将返回所有容器的 ID，随后再执行 docker rm -f 命令，根据容器 ID 批量强制删除所有的容器。如果觉得 $() 看起来比较复杂，也可简写为以下形式：

```
$ docker rm -f `docker ps -a -q`
```

类似的，对于镜像而言也有删除操作，可使用以下命令删除 CentOS 镜像：

建议在删除镜像之前，先问自己一个问题："我真的需要这么做吗？"，因为删掉就无法恢复了，需要重新拉取镜像。

```
$ docker rmi -f centos
```

需要注意的是，如果被删除的镜像上跑了一些容器，那么该镜像是无法删除的，我们必须在 docker rmi 命令中添加 -f 选项，该选项与删除容器中的 -f 选项意义完全相同。当然，也可以通过以下命令一次性删除所有的镜像：

```
$ docker rmi -f `docker images -a -q`
```

10. 导出与导入容器

使用以下命令导出容器为一个 tar 文件（容器包）：

```
$ docker export 197beb401e65 > centos.tar
```

若不指定导出的 tar 文件路径，则导出的 centos.tar 文件在当前目录上。

导出的 centos.tar 容器包可随时在另一台 Docker 机器上导入为镜像，命令如下：

```
$ docker import foo.tar huangyong/centos:latest
```

需要注意的是，我们之前用 docker load 命令（从镜像包中导入镜像）与现在使用的 docker import 命令（从容器包中导入镜像）都可以导入镜像，但它们是有区别的。容器包不包含任何历史记录，相当于容器的当前快照，而镜像包则包括所有的历史记录，因此镜像包的体积也较大，大家可以根据实际情况选择更合适的方式。

5.2.3 Docker 命令汇总

Docker 客户端命令共有 40 多个，我们可通过以下命令查看 Docker 所有的命令及其描述：

```
$ docker help
```

我们将所有的命令汇总了一张表格（表 5-1），便于大家从整体上了解 Docker 客户端命令的全貌。

表 5-1 Docker 命令汇总表

Docker 命令	描　述
attach	进入一个运行中的容器
build	从 Dockerfile 中构建镜像（自动构建镜像）
commit	从容器变更中构建镜像（手工制作镜像）
cp	在容器与本地之间复制文件或目录
create	创建一个新容器（但不启动容器）

续表

Docker 命令	描　述
diff	查看容器文件系统的变更情况
events	从服务器上获取实时事件
exec	在运行中的容器中执行一条命令
export	将容器导出为 tar 文件
history	显示镜像历史
images	列出镜像
import	从容器 tar 文件中导入镜像
info	显示 Docker 引擎的基本信息
inspect	获取容器与镜像的基本信息
kill	终止一个运行中的容器
load	从镜像 tar 文件中导入镜像
login	登录 Docker Registry
logout	注销 Docker Registry
logs	获取容器的日志信息
network	管理 Docker 网络
pause	暂停容器中所有的进程
port	获取容器的端口映射信息
ps	列出容器
pull	从 Docker Registry 中拉取镜像
push	推送镜像到 Docker Registry 中
rename	重命名容器
restart	容器容器
rm	删除一个或多个容器
rmi	删除一个或多个镜像
run	在新容器中运行一条命令（启动容器）
save	将镜像导出为 tar 文件
search	在 Docker Hub 中搜索镜像
start	启动一个或多个已停止的容器
stats	获取容器的资源使用信息
stop	停止一个运行中的容器
tag	为镜像打标签
top	获取容器的进程活动信息
unpause	恢复容器中所有的进程
update	更新一个或多个容器的配置信息

续表

Docker 命令	描　述
version	显示 Docker 版本信息
volume	管理容器数据卷
wait	等待容器停止，随后可输出退出码

为了快速掌握 Docker 客户端常用操作，本节介绍的都是一些常用的命令，我们还会在后续章节中不断补充需要掌握的常用命令以及常用命令的高级用法。

下一节我们将使用以上表格中提到的 docker commit 命令，手工制作一个 Java 镜像。

5.3 手工制作 Java 镜像

目前我们已经从 Docker Hub 中获取了一份 CentOS 镜像到本地，也学会了如何通过镜像来启动容器。在本节中，我们将学习如何通过手工方式来制作一个 Java 运行环境的镜像，并在此镜像上启动 Java 容器。通过本节的学习，我们将充分体会镜像与容器的关系，以及启动容器的重要细节。

众所周知，搭建 Java 运行环境必须安装 JDK（或 JRE），主流的 JDK 有两款，分别是 Oracle JDK 与 Open JDK。由于版权限制，我们需要在 Oracle 官网上下载 Oracle JDK，下面我们就一起在 CentOS 容器中手工安装 Oracle JDK 来制作一个 Java 镜像。

5.3.1 下载 JDK

我们访问 Oracle 官网，找到 Oracle JDK 的下载页面地址。

Oralce JDK 下载地址：http://www.oracle.com/technetwork/java/javase/downloads/index.html。

由于我们拉取的是 CentOS 镜像是一个 64 位操作系统，因此需要下载一份 64 位 Linux 的 JDK 安装包，建议大家下载 JDK 的压缩包格式，例如：jdk-8u91-linux-x64.tar.gz。

经过一段漫长的下载时间，我们可将以上 JDK 压缩包存放在本地的 ~/software 路径中。

下一步要做的是，启动一个 CentOS 容器，并将以上 JDK 压缩包放入 CentOS 容器中，并在容器中完成解压安装。

5.3.2 启动容器

打开一个终端，通过以下命令启动 CentOS 容器：

```
$ docker run -i -t -v ~/software:/mnt/software centos /bin/bash
```

此时，我们在 docker run 命令中添加了一个 -v 选项，它在 Docker 中称为“数据卷（Data Volume）”，用于将宿主机上的磁盘挂载到容器中，我们也可理解为“目录映射”。数据卷的表达格式为“宿主机路径:容器路径”，需要注意的是，宿主机路径可以为相对路径，但容器路径必须为绝对路径。此外，多次使用 -v 选项，可同时挂载多个宿主机路径到容器中。

通过数据卷，便于在容器中访问宿主机上的磁盘路径，当我们进入容器后，可验证是否挂载成功：

```
[root@b2cbc28a586e /]# ll /mnt/software
total 177118
-rw-r--r-- 1 root root 181367942 Jun 21 07:59 jdk-8u91-linux-x64.tar.gz
```

可见，容器的 /mnt/software 目录成功挂载了宿主机的 ~/software 目录。

接下来，我们需要解压 /mnt/software 目录中的 JDK 压缩包并进行解压安装。一般情况下，推荐大家将软件安装到 /opt 目录下，可使用以下命令完成操作：

```
[root@b2cbc28a586e /]# tar -zxf /mnt/software/jdk-8u91-linux-x64.tar.gz -C
/opt
```

随后我们可查看 /opt 目录下是否存在已解压的文件：

```
[root@b2cbc28a586e /]# ll /opt
total 4
drwxr-xr-x 8 10 143 4096 Apr  1 08:10 jdk1.8.0_91
```

我们看到了已解压的 JDK 目录，该目录带有 JDK 的版本号，为了便于访问与升级，不妨建立一个符号链接，用于快速访问 JDK 根目录：

```
[root@b2cbc28a586e /]# ln -s /opt/jdk1.8.0_91 /opt/jdk
```

现在我们再次查看 /opt 目录就能看到该符号链接了：

```
[root@b2cbc28a586e /]# ll /opt/jdk
lrwxrwxrwx 1 root root 16 Jul  1 13:05 /opt/jdk -> /opt/jdk1.8.0_91
```

最后我们可以查看 JDK 的版本号，来验证 JDK 是否安装成功：

```
[root@b2cbc28a586e /]# /opt/jdk/bin/java -version
```

```
java version "1.8.0_91"
Java(TM) SE Runtime Environment (build 1.8.0_91-b14)
Java HotSpot(TM) 64-Bit Server VM (build 25.91-b14, mixed mode)
```

可以输出 Java 版本号，说明 JDK 安装成功了。

如果当前的容器正是我们想要的结果，那么可将该容器提交为一个镜像。

5.3.3　提交镜像

再打开一个终端，可查看当前运行中的容器：

```
$ docker ps
CONTAINER ID  IMAGE   COMMAND      CREATED     STATUS  PORTS       NAMES
b2cbc28a586e  centos  "/bin/bash"  2 days ago  Up      44 minutes  pensive_joliot
```

此时可通过以下 Docker 客户端命令提交当前容器为一个新的镜像：

```
$ docker commit b2cbc28a586e huangyong/java
```

该操作会执行几秒钟，操作完毕后将返回一个 64 位完整镜像 ID：

```
sha256:4322f3d241ae31e50dbe34d310e4ee1c2ab2d1f1b841ddb63c91af50d5541a37
```

最后我们可查看本地是否包含 huangyong/java 镜像：

```
$ docker images
REPOSITORY      TAG     IMAGE ID      CREATED       SIZE
huangyong/java  latest  4322f3d241ae  2 days ago    561.6 MB
centos          latest  d0e7f81ca65c  4 months ago  196.6 MB
```

可输出镜像仓库及其对应的镜像，说明镜像构建成功。可见此处的 12 位镜像 ID 正是 64 位完整镜像 ID 的前缀。

虽然镜像已经构建完毕，但无法得知该镜像能否正常使用，下面不妨验证一下该镜像能否成功启动容器。

5.3.4　验证镜像

我们使用刚才创建的镜像启动一个容器，若容器能成功输出 Java 版本号，则说明镜像是可用的。下面我们就在 huangyong/java 镜像上启动一个容器，并输出 Java 版本号：

```
$ docker run --rm huangyong/java /opt/jdk/bin/java -version
java version "1.8.0_91"
Java(TM) SE Runtime Environment (build 1.8.0_91-b14)
Java HotSpot(TM) 64-Bit Server VM (build 25.91-b14, mixed mode)
```

需要注意的是，我们在使用 docker run 命令运行 huangyong/java 镜像时，添加了一个 -rm 选项，该选项表示当容器退出时可自动删除容器。也就是说，当运行 /opt/jdk/bin/java -version 命令输出 Java 版本号后，容器将自动退出。若我们不想保留该容器，则可使用 --rm 选项，当容器退出时，自动执行 docker rm 操作，将自己删除。

经验证，我们手工制作的 Java 镜像便可正常使用了。

下面我们来总结一下所做的工作：

（1）在容器启动前，我们准备了一个 JDK 压缩包 jdk-8u91-linux-x64.tar.gz，并将其存放在宿主机的 ~/software 目录下。

（2）在容器启动时，通过数据卷的方式，将宿主机的 ~/software 目录挂载到容器的 /mnt/software 路径。

（3）在容器启动后，我们首先解压了 JDK 压缩包，随后创建 JDK 符号链接。

（4）使用 docker commit 命令，提交当前容器为 huangyong/java 镜像。

（5）运行 huangyong/java 镜像，启动一个 Java 容器，并输出 Java 版本号，从而验证镜像是否可用，最后自动删除当前容器。

以下是在容器中所执行的重要命令：

（1）解压了 JDK 压缩包：tar -zxf /mnt/software/jdk-8u91-linux-x64.tar.gz -C /opt。

（2）创建 JDK 符号链接：ln -s /opt/jdk1.8.0_91 /opt/jdk。

以上过程是手工完成的，制作过程虽然简单，但手工制作毕竟效率不高，而且容易出错，能否将此过程做到自动化呢？也就是说，写一段脚本，让其自动运行，最终生成同样的镜像。Docker 为我们提供了 Dockerfile，我们可以通过它来编写镜像构建脚本。

在下一节中，我们将学习 Dockerfile 的基本用法，并通过 Dockerfile 来构建一个与本节相同的 Java 镜像。

5.4 使用 Dockerfile 构建镜像

Docker 为我们提供了一个叫作 Dockerfile 的脚本文件，它包括一些指令，通过学习这些指令，可快速编写镜像的构建脚本，从而让构建镜像做到自动化。通过本节的学习，我们将快速掌握 Dockerfile 的基本用法，并能编写 Dockerfile 来构建一个 Java 镜像。

下面我们先从 Dockerfile 的基本结构开始了解，从而一步步地构建这个 Java 镜像。

5.4.1 了解 Dockerfile 基本结构

Dockerfile 实际上是一个编写 Docker 镜像的脚本，该脚本有一个固定的格式，只有掌握了这个格式，才能编写出针对不同需求的 Docker 镜像。

我们要做的第一件事情就是创建一个空白的文本文件，文件名为 Dockerfile。其实叫其他名字也可以，只是 Dockerfile 是默认的文件名而已。

1. 设置基础镜像

当前构建的镜像必须继承于某个“基础镜像”，使用 FROM 指令来设置基础镜像，例如我们制作的镜像来源于 CentOS 最新版镜像：

```
FROM centos:latest
```

FROM 指令的值有固定的格式，即“仓库名:标签名”，若使用基础镜像的最新版本，则 latest 标签名可以省略，否则需指定基础镜像的具体版本。

2. 设置维护者信息

每个镜像由谁来创建，又由谁来维护？我们可通过 MAINTAINER 指令来设置镜像的维护者信息：

```
MAINTAINER "Yong Huang"<yong.huang@xxx.com>
```

MAINTAINER 指令没有具体的格式，建议使用姓名与邮箱的格式，可以同时指定多人，也可指定一个页面地址。

3. 设置需要添加到容器中的文件

一般情况下，我们首先会提前准备好需要添加到容器中的文件，例如我们从 Oracle 官网上下载的 JDK 压缩包，可使用 ADD 指令将此文件添加到容器指定的目录中：

```
ADD jdk-8u91-linux-x64.tar.gz /opt
```

ADD 指令的第一个参数为宿主机的来源路径（可使用相对路径），第二个参数是容器的目标路径（必须为绝对路径）。需要说明的是，使用 ADD 指令将自动解压来源路径中的压缩包，将解压后的文件复制到目标路径中。此外，我们一般将 Dockerfile 文件与需要添加到容器的文件（例如 jdk-8u91-linux-x64.tar.gz 文件）放在同一目录下，这样有助于编写来源路径。

在 Dockerfile 中还有一个与 ADD 指令功能类似的 COPY 指令，只是后者只能完成简单的复制，而没有自动解压的功能。

4. 设置镜像制作过程中需要执行的命令

此时，可使用 RUN 指令来执行一系列构建镜像所需的命令，例如我们在上一节中创建了一个 JDK 的的符号链接：

```
RUN ln -s /opt/jdk1.8.0_91 /opt/jdk
```

如果需要执行多条命令，我们可使用多行 RUN 指令，但经验告诉我们，将多条指定通过 \ 命令换行符合并成一条，这样将减小所构建的镜像的体积。原因是，在镜像中每执行一条命令，都会形成新的“镜像层”，我们需要尽可能减少镜像层，从而减小镜像的体积。

5. 设置容器启动时需要执行的命令

我们在使用 docker run 命令时，可在命令的最后一段添加一个容器启动时需要执行的命令，在 Dockerfile 中也有对应的 CMD 指令，例如可通过以下指令在容器启动时输出 Java 版本：

```
CMD /opt/jdk/bin/java -version
```

需要注意的是，如果我们在使用 docker run 命令时指定了需要执行的命令，那么该命令将覆盖 Dockerfile 中通过 CMD 设置的命令。

在 Dockerfile 中还有一个与 CMD 指令功能类似的 ENTRYPOINT 指令，只是后者所执行的指令不能被 docker run 命令所覆盖。

需要注意的是，CMD 指令要么没有，要么只有一条，CMD 指令还能与 ENTRYPOINT 指令联合使用。

了解 Dockerfile 的基本结果后，下面我们就使用 Dockerfile 构建一个 Java 镜像。

5.4.2 使用 Dockerfile 构建镜像

我们使用本节提到的 Dockerfile 指令，就能写出一个构建 Java 镜像的 Dockerfile：

```
FROM centos:latest
MAINTAINER "Yong Huang"<yong.huang@xxx.com>
```

```
ADD jdk-8u91-linux-x64.tar.gz /opt
RUN ln -s /opt/jdk1.8.0_91 /opt/jdk
CMD /opt/jdk/bin/java -version
```

随后，可使用 docker build 命令读取 Dockerfile 文件，并构建一个镜像：

```
$ docker build -t huangyong/java .
```

我们使用了-t 选项来指定镜像的名称，并读取当前目录（即.目录）中的 Dockerfile 文件。执行 docker build 命令可在数秒内完成，以下是该命令的输出信息：

```
Sending build context to Docker daemon 181.4 MB
Step 1 : FROM centos:latest
 ---> d0e7f81ca65c
Step 2 : MAINTAINER "Yong Huang"<yong.huang@xxx.com>
 ---> Running in 760067abd18e
 ---> 99a6d8877442
Removing intermediate container 760067abd18e
Step 3 : ADD jdk-8u91-linux-x64.tar.gz /opt
 ---> 3a286ef5cf85
Removing intermediate container 892c64cba5ca
Step 4 : RUN ln -s /opt/jdk1.8.0_91 /opt/jdk
 ---> Running in 0e8e0b36d4bf
 ---> 5b762f5424e5
Removing intermediate container 0e8e0b36d4bf
Step 5 : CMD /opt/jdk/bin/java -version
 ---> Running in 3db4c8d266e7
 ---> 70541ec1928c
Removing intermediate container 3db4c8d266e7
Successfully built 70541ec1928c
```

从输出信息中得知，我们首先将构建上下文发送到 Docker 引擎中，该上下文所包含的字节大小为 181.4 MB。随后通过 5 个步骤来完成镜像的构建工作，在每个步骤中都会输出对应的 Dockerfile 指令，而且每个步骤都会生成一个“中间容器”与“中间镜像”。例如 Step 4 中，当执行 RUN ln -s /opt/jdk1.8.0_91 /opt/jdk 指令后，将生成一个中间容器（容器 ID 为 0e8e0b36d4bf），接着从该容器中创建一个中间镜像（镜像 ID 为 5b762f5424e5），最后将中间容器删除掉。

需要注意的是，并不是每个步骤都会产生中间容器，但每个步骤一定会产生中间镜像。这些中间镜像将加入到缓存中，当某一个构建步骤发生失败时，将停止整个构建过程，但中间镜像仍然会存放在缓存中，下次再次构建时，直接从缓存中获取中间镜像，而不会重复执行之前已经构建成功的步骤。我们也可以找到构建失败的中间镜像，随时启动并进入一个自动删除的容器（添加 --rm 选项），从而不断调整自己的 Dockerfile 文件，直到构建步骤全部成功为止，这是一个很好的调试 Dockerfile 的技巧。

当所有步骤都成功以后，将输出最终的镜像 ID（最后一行的 70541ec1928c），此时可查看所生成的镜像：

```
$ docker images
REPOSITORY      TAG     IMAGE ID        CREATED     SIZE
huangyong/java  latest  70541ec1928c    2 days ago  561.6 MB
<none>          <none>  4322f3d241ae    2 days ago  561.6 MB
```

由于我们现在通过 Dockerfile 构建的镜像与之前手工构建的镜像所包括的仓库名与标签名完全相同，因此之前手工构建的镜像的仓库名和标签名都更新为 <none> 了，虽然这是正常现象，不过我们可使用 docker tag 命令来修改镜像的仓库名与标签名，例如：

```
$ docker tag 4322f3d241ae huangyong/java:1.0
```

我们再次列出当前镜像，可观察到以前的 <none> 已被重命名：

```
$ docker images
REPOSITORY      TAG     IMAGE ID        CREATED     SIZE
huangyong/java  latest  70541ec1928c    2 days ago  561.6 MB
huangyong/java  1.0     4322f3d241ae    2 days ago  561.6 MB
```

一般情况下，安装 JDK 后都需要设置一个 JAVA_HOME 与 PATH 环境变量，这样我们就可以直接在命令行中使用 Java 命令了，而无须带上 Java 命令的绝对路径（之前为 /opt/jdk/bin/java）。

Dockerfile 也提供了设置环境变量的指令，我们可使用 ENV 指令来设置所需的环境变量，我们不妨将目前的 Dockerfile 稍加修改：

```
FROM centos:latest
MAINTAINER "Yong Huang"<yong.huang@xxx.com>
ADD jdk-8u91-linux-x64.tar.gz /opt
RUN ln -s /opt/jdk1.8.0_91 /opt/jdk
ENV JAVA_HOME /opt/jdk
ENV PATH $JAVA_HOME/bin:$PATH
```

```
CMD java -version
```

我们修改了末尾三行代码，再次构建镜像，输出如下信息：

```
Sending build context to Docker daemon 181.4 MB
Step 1 : FROM centos:latest
 ---> d0e7f81ca65c
Step 2 : MAINTAINER "Yong Huang"<yong.huang@xxx.com>
 ---> Using cache
 ---> 99a6d8877442
Step 3 : ADD jdk-8u91-linux-x64.tar.gz /opt
 ---> Using cache
 ---> 3a286ef5cf85
Step 4 : RUN ln -s /opt/jdk1.8.0_91 /opt/jdk
 ---> Using cache
 ---> 5b762f5424e5
Step 5 : ENV JAVA_HOME /opt/jdk
 ---> Running in 64f913fdcf9f
 ---> 09da54933bd8
Removing intermediate container 64f913fdcf9f
Step 6 : ENV PATH $JAVA_HOME/bin:$PATH
 ---> Running in 93347c192a0c
 ---> 149927bb3428
Removing intermediate container 93347c192a0c
Step 7 : CMD java -version
 ---> Running in 20d3aa0cd23f
 ---> dad116eb6ee6
Removing intermediate container 20d3aa0cd23f
Successfully built dad116eb6ee6
```

通过以上信息可观察到，Step 2、Step 3、Step 4 这三个步骤都直接从缓存中获取了之前构建的镜像，而不再重新构建镜像。

至此，我们已顺利通过 Dockerfile 构建了 Java 镜像。当然，该镜像还有很多不足之处，比如启动的容器时间并非中国时区，请大家在此基础上继续优化。

5.4.3 Dockerfile 指令汇总

在本节中提到的指令均为 Dockerfile 的常用指令，现整理一份常用 Dockerfile 指令，如表 5-2 所示。

表 5-2 Dockerfile 指令

Dockerfile 指令	描　　述
FROM	设置基础镜像
MAINTAINER	设置维护者信息
ADD	设置需要添加到容器中的文件（自动解压）
COPY	设置需要复制到容器中的文件（无法解压）
USER	设置运行 RUN 指令的用户
ENV	设置环境变量，可在 RUN 指令中使用
RUN	设置镜像制作过程中需要执行的命令
ENTRYPOINT	设置容器启动时需要运行的命令（无法覆盖）
CMD	设置容器启动时需要执行的命令（可被覆盖）
WORKDIR	设置进入容器时的工作目录
EXPOSE	设置可被暴露的端口号（用于“端口映射”）
VOLUME	设置可被挂载的数据卷（用于“目录映射”）
ONBUILD	设置在构建时需自动执行的指令

以上表格中还有几个常用指令本节没有提到，例如 EXPOSE，在后面的章节中会有所涉及。

在下一节中，我们会将本节所构建镜像推送至公共 Docker Registry（即 Docker Hub）中，以便分享给更多用户使用，此外还将搭建一个私有的 Docker Registry，以便局域网团队内部使用。

5.5 使用 Docker Registry 管理镜像

在以下几种场景下，我们需要考虑做镜像管理。首先是当我们制作的镜像越来越多的时候，就想找一个地方来管理这些镜像，以便在可以随时获取，但又不希望被团队外部访问。其次是当我们首次从 Docker Hub 上下载了某些公共镜像后，就想在找一台机器来缓存这些镜像，以便团队内部人员无须再次从公网上下载这些镜像。官方的 Docker Hub 为我们提供了一个私有仓库，但对于免费用户而言，只能创建一个私有仓库，付费用户才能拥有更多私有仓库的权限。值得高兴的是，Docker 官方已经将自己的镜像注册中心 Docker Hub 的核心代码共享出来了，发布了一个名为 Docker Registry 的开源项目，我们也可随时从 Docker Hub 上获取 Docker Registry 的镜像，并随时在团队内部搭建一个私有的镜像注册中心。

本节我们将首先了解 Docker Hub 的核心功能与基本用法，并将我们在上一节中通过 Dockerfile 制作的 Java 镜像上传至 Docker Hub 的私有仓库中。随后，我们将获取 Docker Registry，在局域网内部来搭建一个私有的镜像注册中心。

5.5.1 使用 Docker Hub

1. 登录 Docker Hub

使用 Docker Hub 的第一步就是注册一个 Docker Hub 用户，并通过用户名与密码登录到 Docker Hub 中，登录后将看到以下主界面，如图 5-10 所示。

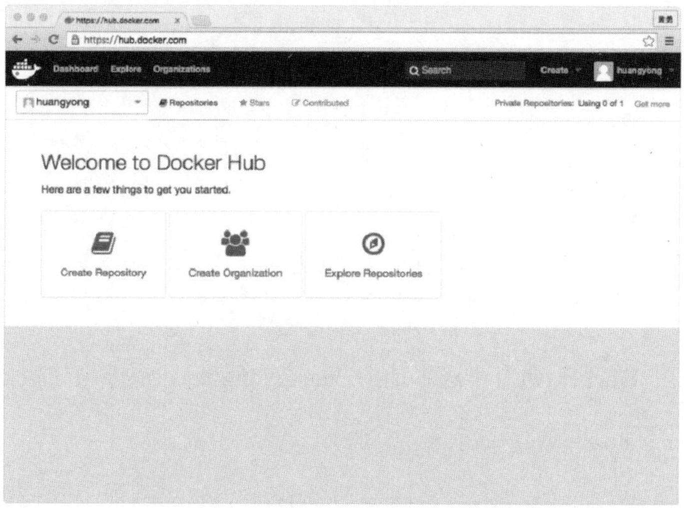

图 5-10 Docker Hub 主界面

我们可在 Docker Hub 中创建自己的镜像仓库（Create Repository），也可以创建访问镜像仓库的组织（Create Organization），还能浏览所有公开的官方镜像仓库（Explore Repositories）。由于我们是免费用户，因此只能使用一个私有仓库（Private Repositories），可以单击 Get more 链接成为付费用户，以获取更多私有仓库的使用权限。

2. 创建仓库

现在我们就在 Docker Hub 中创建一个名为 huangyong/java 的私有仓库，单击 Create Repository 进入以下界面，如图 5-11 所示。

默认选中的命令空间（Namespace）为自己的 Docker ID，我们需填写仓库名（Repository Name）、仓库的简短描述（Short Description）、仓库的完全描述（Full Description），并选择仓库的可见范围（Visibility）为私有仓库（private）。单击 Create 按钮后将完成仓库的创建操作。

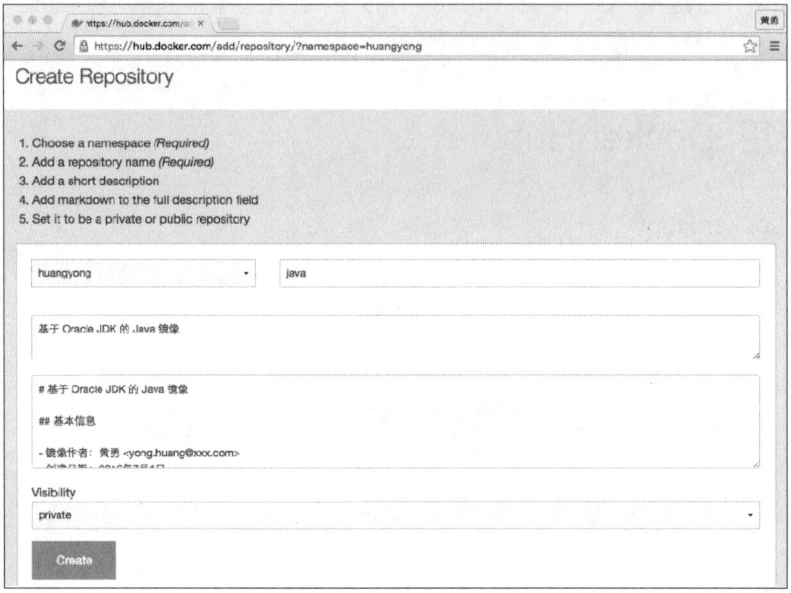

图 5-11 创建镜像

3. 推送镜像

我们可通过以下 Docker 命令推送本地的 huangyong/java 镜像到 Docker Hub 中：

```
$ docker push huangyong/java
```

但并没有推送成功，此时将输出没有授权的信息：

```
The push refers to a repository [docker.io/huangyong/java]
a38a5f238a98: Retrying in 1 second
eb37649b72e1: Retrying in 1 second
5f70bf18a086: Retrying in 1 second
a734b0ff4ca6: Image push failed
unauthorized: authentication required
```

因为我们只是通过浏览器登录了 Docker Hub，而没有通过 Docker 客户端来登录 Docker Hub，所以需要通过以下 Docker 命令进行登录：

```
$ docker login
```

以上命令将完成 Docker Hub 的身份认证，我们需要在提示中输入登录 Docker Hub 的用户名与密码：

```
    Login with your Docker ID to push and pull images from Docker Hub. If you
don't have a Docker ID, head over to https://hub.docker.com to create one.
    Username: huangyong
    Password:
    Login Succeeded
```

登录成功后，我们再次使用 docker push 命令就能成功将镜像推送至 Docker Hub 中：

```
    $ docker push huangyong/java
    The push refers to a repository [docker.io/huangyong/java]
    a38a5f238a98: Layer already exists
    eb37649b72e1: Pushing [===================>                              ]
142.3 MB/364.9 MB
    5f70bf18a086: Layer already exists
    a734b0ff4ca6: Layer already exists
```

推送需要一段时间，速度取决于大家的网络快慢，完成后可在 Docker Hub 中查看已推送的镜像，如图 5-12 所示。

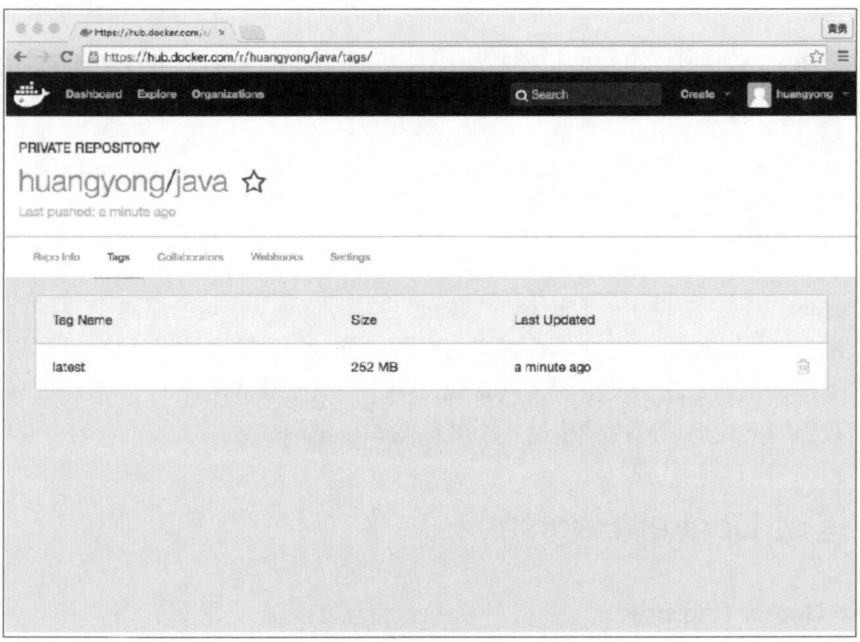

图 5-12　查看已推送的镜像

我们现在创建的镜像仓库为私有仓库，可将其切换为公开仓库，供其他用户自由拉取，如图 5-13 所示。

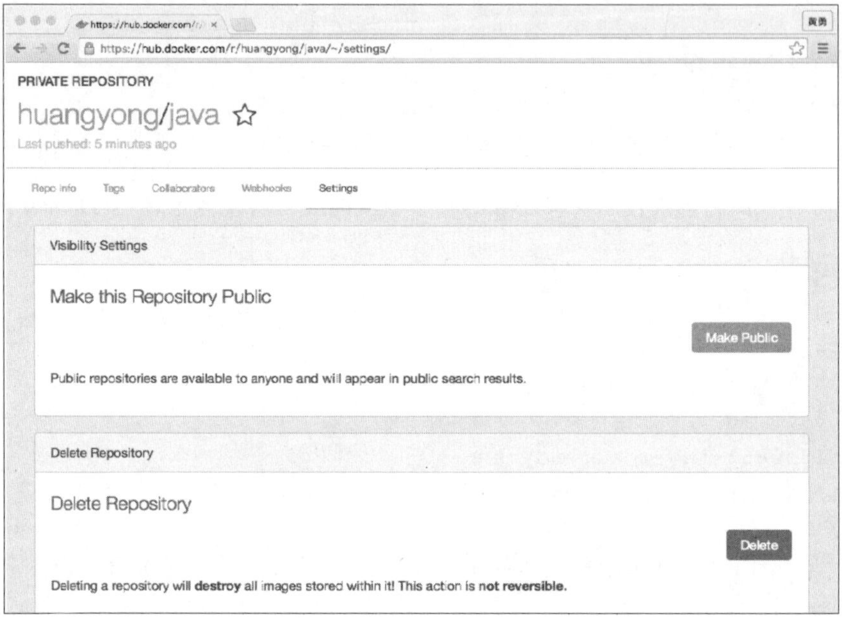

图 5-13 设置仓库可见范围

Docker Hub 将定时对已上传的镜像仓库进行索引，随后可通过 docker search 命令搜索自己推送到 Docker Hub 中的镜像仓库。

```
$ docker search huangyong/java
NAME            DESCRIPTION  STARS  OFFICIAL  AUTOMATED
huangyong/java  ...          0
```

Docker Hub 为我们提供了一个镜像管理的平台，我们可以在这个平台上通过公开仓库共享自己制作的镜像，也能使用私有仓库管理需要授权访问的仓库，但免费用户只有创建一个私有仓库，而且推送镜像需要花费大量的公网资源。为了管理更多的私有仓库并提供高效的推送与拉取体验，我们需要在局域网内部搭建一个 Docker Registry。

5.5.2 搭建 Docker Registry

1. 启动 Docker Registry

使用以下命令，可在本地搭建一个 Docker Registry：

```
$ docker run -d -p 50000:5000 -v ~/docker-registry:/tmp/registry registry
```

需要注意的是，此时我们在 docker run 命令中使用了两个新的选项。

（1）-d：表示将在后台启动该容器，默认情况下容器是在前台启动的，由于我们想让 Docker Registry 作为后台服务来运行，因此需要在后台启动该容器。

（2）-p：表示对容器中应用程序暴露的端口号进行端口映射，冒号左边的端口（50000）为宿主机的端口，冒号右边的端口（5000）为容器内部需要暴露的端口。

顺便我们再来解释一下 -v 数据卷选项，它将宿主机的 ~/docker-registry 目录映射为容器的 /tmp/registry 目录，经过这样的目录映射之后，虽然我们推送的镜像将存放到容器的 /tmp/registry 目录下，但是我们却可以通过宿主机的 ~/docker-registry 目录来访问这些已推送的镜像，以便随时对镜像文件进行备份。数据卷采用了程序与数据的分离原则，这同样也是一种架构原则。

此外还需注意的是，在 docker run 命令中我们并没有指定容器在开启时需要执行的命令，原因是 registry 镜像已经将需要执行的命令通过 CMD 指令进行了设置，当容器启动时会自动执行。

Docker Registry 容器启动后，我们可在浏览器中访问 http://127.0.0.1:50000/ 地址查看 Docker Registry 是否启动成功，如图 5-14 所示。

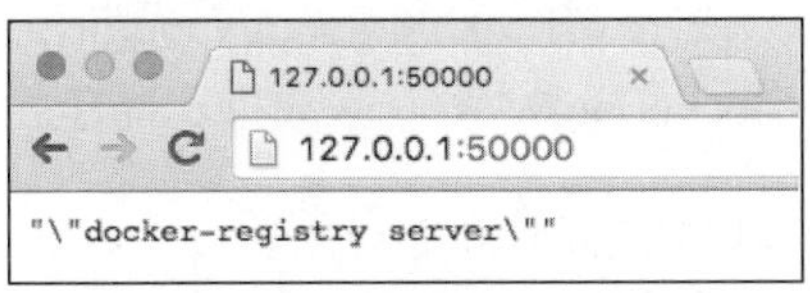

图 5-14　访问 Docker Registry

还可以通过 http://127.0.0.1:50000/v1/search 来搜索当前 Docker Registry 中的镜像仓库，如图 5-15 所示。

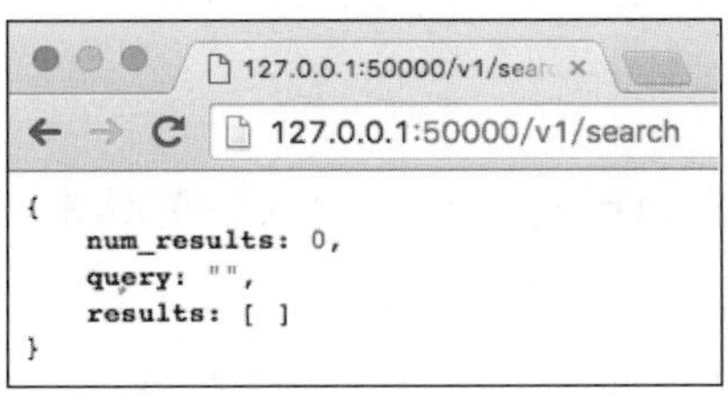

图 5-15　当前 Docker Registry 没有任何镜像

接下来需要做的是将镜像推送至 Docker Registry 中，不过在正式推送之前，我们还有一件非常关键的事情需要去做。

2. 重命名镜像标签

由于 huangyong/java 镜像默认的注册中心为 Docker Hub，我们使用 docker push 命令推送的目标地址实际上都是 Docker Hub（地址为 docker.io），因此 huangyong/java 镜像的完整名称应为 docker.io/huangyong/java。如果我们打算将 huangyong/java 镜像推送至本地的 Docker Registry，则需将镜像名称修改为 127.0.0.1:50000/huangyong/ java，需要使用 docker tag 命令重命名镜像标签：

```
$ docker tag dad116eb6ee6 127.0.0.1:50000/huangyong/java
```

再次列出镜像后，可以看到两个镜像仓库（REPOSITORY）对应于相同的镜像 ID（IMAGE ID）：

```
$ docker images
REPOSITORY                        TAG      IMAGE ID       CREATED      SIZE
127.0.0.1:50000/huangyong/java    latest   dad116eb6ee6   2 days ago   561.6 MB
huangyong/java                    latest   dad116eb6ee6   2 days ago   561.6 MB
```

下面要做的就是将已重命名的镜像推送至本地 Docker Registry 中。

3. 推送镜像

我们下面需要做的是将 127.0.0.1:50000/huangyong/java 镜像推送至 127.0.0.1:50000 Docker Registry 中，使用以下 docker push 命令完成推送操作：

```
$ docker push 127.0.0.1:50000/huangyong/java
The push refers to a repository [127.0.0.1:50000/huangyong/java]
a38a5f238a98: Waiting
eb37649b72e1: Pushing [================================>                ]
225.2 MB/364.9 MB
5f70bf18a086: Image successfully pushed
a734b0ff4ca6: Image successfully pushed
```

很快就能将镜像推送至 Docker Registry，此时再浏览器中搜索一下，结果如图 5-16 所示。

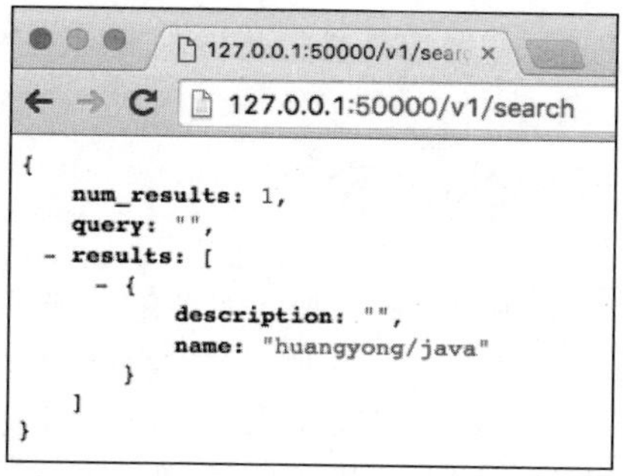

图 5-16　搜索 Docker Registry 中已推送的镜像

可见，镜像已经成功推送至 Docker Registry 了，我们也可在本地磁盘上（路径为 ~/docker-registry）找到 Docker Registry 的仓库与镜像文件，如图 5-17 所示。

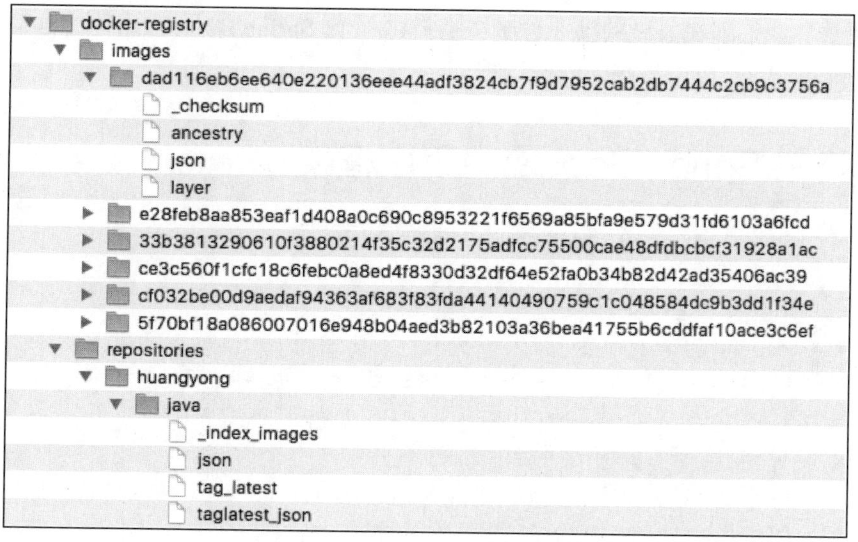

图 5-17　Docker Registry 数据目录

一般情况下，我们可将 Docker Registry 与 Nginx 集成，将它们部署在一台稳定的服务器上，通过 Nginx 反向代理的方式来调用 Docker Registry，并将 IP 绑定到一个内部域名上，比如 docker-registry.xxx.com，这样局域网内部的用户可通过该域名来访问 Docker Registry。

至此，Docker Registry 已搭建完毕，局域网内部用户可使用它来管理自己的镜像。

Docker 的强项是使用容器技术来封装应用程序，让外界无须关注应用程序的运行环境，就像一个黑盒，容器内部只需对外暴露相应的端口，并映射到宿主机的端口上，外界就能随时访问容器内部的应用程序。在下一节中，我们将 Spring Boot 应用程序生成的 jar 包通过 Docker 镜像的方式来进行交付，也就是说，Spring Boot 与 Docker 整合之后，我们所构建的 Spring

Boot 应用程序时可生成一个 Docker 镜像，并将此镜像推送至 Docker Registry 中。

5.6 Spring Boot 与 Docker 整合

我们之前用 Spring Boot 开发服务，这些服务会对外暴露出端口，客户端需通过服务发布的地址与端口来调用服务。然而每个服务会依赖于一个不同的运行环境，我们有必要将服务及其运行环境封装在 Docker 镜像中。若需要发布服务时，只需根据镜像启动相应的容器即可。也就是说，在微服务架构中，交付方式由应用程序转变为 Docker 镜像，交付方式更加简洁，更加方便。

本节我们将 Spring Boot 框架与 Docker 技术进行整合，目标是在构建 Spring Boot 应用程序时可同时生成 Docker 镜像，并将此镜像推送至 Docker Registry，整个构建过程依然使用 Maven 来完成。我们现在要做的第一件事情是搭建一个 Spring Boot 应用程序框架，顺便也来回顾一下 Spring Boot 应用程序的开发过程。

5.6.1 搭建 Spring Boot 应用程序框架

新建一个 Maven 项目，在 pom.xml 中添加如下配置：

```
<?xml version="1.0" encoding="UTF-8"?>
<project xmlns="http://maven.apache.org/POM/4.0.0"
         xmlns:xsi="http://www.w3.org/2001/XMLSchema-instance"
         xsi:schemaLocation="http://maven.apache.org/POM/4.0.0
http://maven.apache.org/xsd/maven-4.0.0.xsd">

    <modelVersion>4.0.0</modelVersion>

    <groupId>demo.msa</groupId>
    <artifactId>msa-api-hello</artifactId>
    <version>1.0.0</version>

    <parent>
      <groupId>org.springframework.boot</groupId>
      <artifactId>spring-boot-starter-parent</artifactId>
      <version>1.3.3.RELEASE</version>
    </parent>
```

```
  <dependencies>
    <dependency>
      <groupId>org.springframework.boot</groupId>
      <artifactId>spring-boot-starter-web</artifactId>
    </dependency>
  </dependencies>

  <build>
    <plugins>
      <plugin>
        <groupId>org.springframework.boot</groupId>
        <artifactId>spring-boot-maven-plugin</artifactId>
      </plugin>
    </plugins>
  </build>

</project>
```

这是一个标准的 Spring Boot 应用程序的 Maven 配置，由于我们使用了 spring-boot-maven-plugin 插件，因此在 mvn package 打包后将生成一个可以直接运行的 jar 包，名为 msa-api-hello-1.0.0.jar。实际上，所生成 jar 包的默认文件名格式为${project.build.finalName}，这是一个 Maven 属性，相当于${project. artifactId}- ${project.version}.jar。

随后，我们来编写一个 Application 类，它用于处理 HTTP 请求：

```
package demo.msa.hello;

import org.springframework.boot.SpringApplication;
import org.springframework.boot.autoconfigure.SpringBootApplication;
import org.springframework.web.bind.annotation.RequestMapping;
import org.springframework.web.bind.annotation.RestController;

@RestController
@SpringBootApplication
public class Application {

  @RequestMapping("/")
  public String index() {
    return "Hello";
```

```
  }

  public static void main(String[] args) {
    SpringApplication.run(Application.class, args);
  }
}
```

当 Spring Boot 应用程序接收 GET:/ 请求时，将返回 Hello 字符串。

当前的目录结构非常简单，仅包含一个 Application 类，如图 5-18 所示。

随后我们使用 mvn package 命令对以上 Sping Boot 应用程序进行构建，将生成 target 目标目录，如图 5-19 所示。

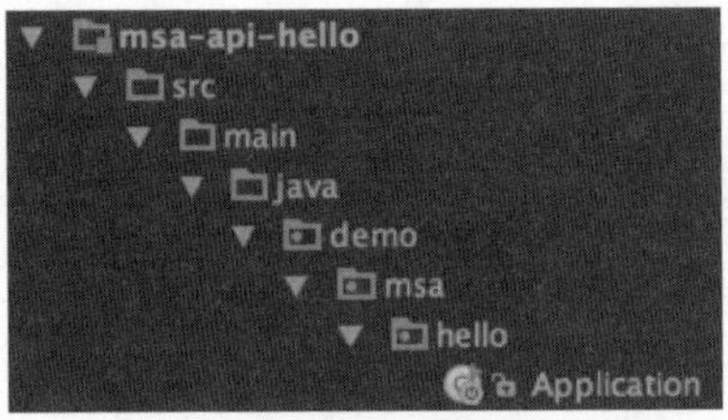

图 5-18 当前源码目录

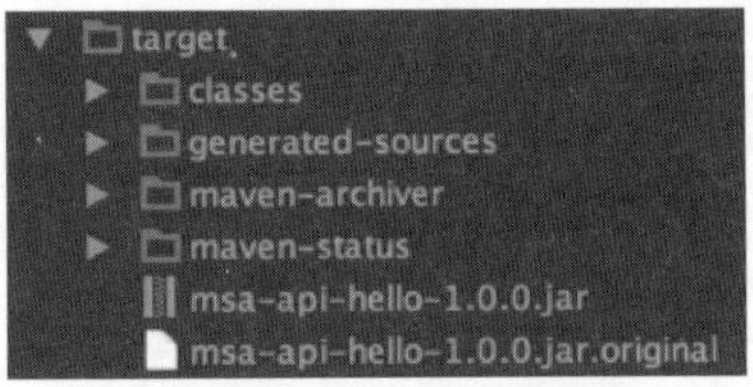

图 5-19 当前目标目录

接下来，我们需要运行的是 msa-api-hello-1.0.0.jar 程序，不妨先来看看该程序是否可用。使用终端进入 target 目录，执行以下命令：

```
$ java -jar msa-api-hello-1.0.0.jar
```

随后可启动 Spring Boot 应用程序，打开浏览器，发送 http://localhost:8080/ 请求，可看到一个 Hello 文字输出在浏览器中，如图 5-20 所示。

图 5-20 访问 Spring Boot 应用程序

下面要做的就是在 Spring Boot 应用中创建一个 Dockerfile 文件，并通过 ADD 指令将 msa-api-hello-1.0.0.jar 添加到镜像中，并使用 java -jar 命令执行这个 jar 包。

5.6.2　为 Spring Boot 应用添加 Dockerfile

1. 添加 Dockerfile

我们的 Spring Boot 应用是基于 Maven 构建的，Maven 规范要求我们将所有的资源文件（非 Java 文件）都放在 src/main/resources 资源目录下。Dockerfile 也是资源文件，也需要将其添加到资源目录下，因此当前的目录结构如图 5-21 所示。

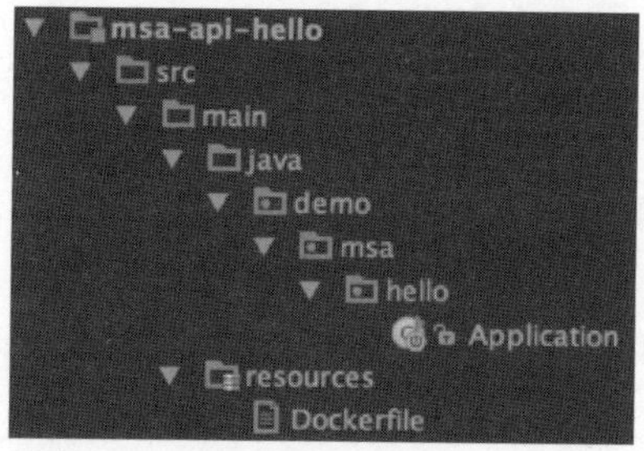

图 5-21　在资源目录下添加 Dockerfile

首先我们在 Dockerfile 文件中写上以下两行指令：

```
FROM java
MAINTAINER "Yong Huang"<yong.huang@xxx.com>
```

此时我们使用了 Docker 官方提供的 Java 镜像，它是基于 Open JDK 制作的镜像，当然也可以用我们之前制作的基于 Oracle JDK 的镜像。

接下来我们要做的是将生成的 jar 包通过 ADD 指令添加到 Docker 镜像中。经过我们之前分析，jar 包文件名为 ${project.build.finalName}，此外 Spring Boot 对 Maven 的“资源过滤”特性进行了一些改进，我们需要使用 @project.build.finalName@ 来获取 jar 包文件名，因此我们可添加如下 Dockerfile 指令：

```
ADD @project.build.finalName@.jar app.jar
```

默认情况下，由于 Spring Boot 应用将开启 8080 端口，因此我们需要使用 EXPOSE 指令将 8080 端口设置为可以暴露的端口：

```
EXPOSE 8080
```

最后一件事情就是使用 java -jar 命令去执行 jar 包：

```
CMD java -jar app.jar
```

综上所述，我们的 Dockerfile 文件内容如下：

```
FROM java
MAINTAINER "Yong Huang"<yong.huang@xxx.com>
ADD @project.build.finalName@.jar app.jar
EXPOSE 8080
CMD java -jar app.jar
```

那么问题来了，谁来读取 Dockerfile 文件，并构建我们想要的镜像呢？

5.6.3 使用 Maven 构建 Docker 镜像

Spotify 公司开源了一款 docker-maven-plugin 的 Maven 插件，我们可使用 Maven 命令来构建 Docker 镜像，该插件的 Github 地址为：

```
docker-maven-plugin: https://github.com/spotify/docker-maven-plugin
```

我们只需添加以下 Maven 配置到 pom.xml 文件中即可：

```
<plugin>
  <groupId>com.spotify</groupId>
  <artifactId>docker-maven-plugin</artifactId>
  <version>0.4.10</version>
  <configuration>
    <imageName>${project.groupId}/${project.artifactId}:${project.
version}</imageName>
    <dockerDirectory>${project.build.outputDirectory}</dockerDirectory>
    <resources>
      <resource>
        <directory>${project.build.directory}</directory>
        <include>${project.build.finalName}.jar</include>
      </resource>
    </resources>
  </configuration>
</plugin>
```

对于 configuration 片段我们稍作解释。

- imageName：用于指定 Docker 镜像的完整名称，其中 ${project.groupId} 为仓库名，${project.artifactId} 为镜像名，${project.version} 为标签名。
- dockerDirectory：用于指定 Dockerfile 文件所在的目录，指定为${project.build.outputDirectory}是为了读取经 Maven 资源过滤后的 Dockerfile 文件，该文件中的@project.build.finalName@占位符此时已经被替换为实际内容。
- resources/resource/directory：用于指定需要复制的根目录，其中 ${project.build.directory} 表示 target 目录。
- resources/resource/include：用于指定需要复制的文件，即为 Maven 打包后生成的 jar 文件。

那么 jar 文件究竟复制到哪里呢？

现在我们执行 mvn docker:build 命令，并观察输出信息与 target 目录，如图 5-22 所示。

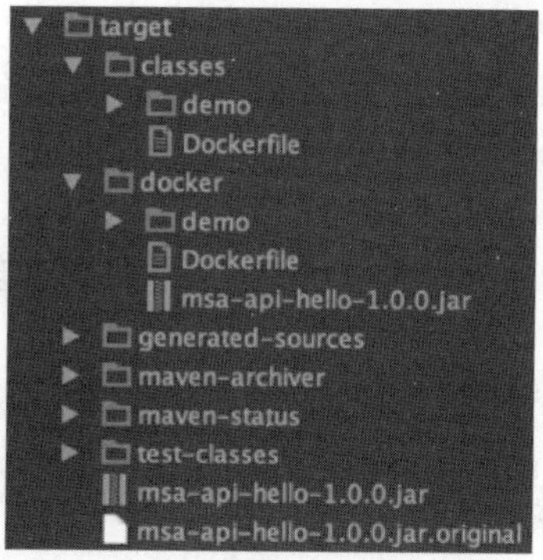

图 5-22　构建后的目标目录

可见，在 target 目录下生成了一个 docker 目录，该目录中不仅包含 classes 目录中的所有文件，还包含了一个打包生成的 jar 文件。随后，docker-maven-plugin 插件就在 docker 目录下执行 docker build 命令来构建镜像。

如果我们打算将构建的镜像推送到 Docker Registry 中，可根据如下方法进行操作。

首先定义一个 Maven 属性，值为 Docker Registry 的地址：

```
<properties>
  <docker.registry>127.0.0.1:50000</docker.registry>
</properties>
```

随后将以上 ${docker.registry} 属性作为 imageName 的前缀：

```
    <imageName>${docker.registry}/${project.groupId}/${project.artifactId}:$
{project.version}</imageName>
```

最后再执行 mvn docker:build docker:push 命令先构建后推送。

关于 docker-maven-plugin 插件的具体使用方法，可通过 mvn docker:help 命令查看该插件的使用方法，若想查看更为详细的使用方法，可使用 mvn docker:help -Ddetail=true 命令。

5.6.4 启动 Spring Boot 的 Docker 容器

通过以下命令运行所构建的镜像，在后台运行容器，并将容器的 8080 端口绑定到宿主机的 58080 端口上：

```
$ docker run -d -p 58080:8080 127.0.0.1:50000/demo.msa/msa-api-hello:1.0.0
```

通过在浏览器中发送 http://localhost:58080/ 请求，来检验容器是否成功启动，如图 5-23 所示。

图 5-23 访问封装在 Docker 容器中的 Spring Boot 应用

至此，Spring Boot 与 Docker 通过 docker-maven-plugin 插件完成了整合。

5.6.5 调整 Docker 容器内存限制

当我们使用 Docker 容器运行 Spring Boot 应用程序后，如果想分析 Docker 容器中 Spring Boot 的应用程序的性能，将变得非常麻烦。最简单的方式是使用以下 Docker 命令监控 Docker 容器的运行情况：

```
$ docker stats
```

我们可观察到该容器的 CPU 使用率、内存使用情况与使用率、网络 I/O 使用情况等信息，如下所示。

```
CONTAINER      CPU %   MEM USAGE / LIMIT     MEM %   NET I/O           BLOCK I/O        PIDS
5b1496dcd170   0.37%   372.9 MiB / 3.857 GiB 9.44%   1.296 kB / 648 B  51.28 MB / 0 B   19
```

从内存使用情况来看，启动容器后默认分配了 3.857GB 的内存，其中已使用 372.9MB 内存。如果我们可以估算出容器内应用程序最大内存，那么可对启动容器所需分配的内存做出限制，以节省更多的宿主机内容，从而可以启动更多的容器。可在 docker run 命令中添加-m 参数来调整容器内存限制，例如：

```
$ docker run \
-d \
-p 58080:8080 \
-m 512m \
127.0.0.1:50000/demo.msa/msa-api-hello:1.0.0
```

我们再次启动容器，并观察容器内存使用情况，如下所示。

```
CONTAINER      CPU %   MEM USAGE / LIMIT    MEM %    NET I/O          BLOCK I/O    PIDS
c69b38a2b7ad   0.34%   327.3 MiB / 512 MiB  63.93%   648 B / 648 B    0 B / 0 B    19
```

此时，容器的内存已被调整为 512MB，容器中应用程序所占用的内存没有明显变化，内存使用率有明显提升。

5.7　本章小结

Docker 的目标是“一次封装，到处使用”，这与 Java 的目标“一次编写，到处运行”有着异曲同工之妙。本章我们一起学习了 Docker 的基本概念与使用方法，分别通过手工与自动的方式构建了 Docker 镜像，并将此镜像推送至官方的 Docker Hub 与私有的 Docker Registry。最后，我们也借助 docker-maven-plugin 插件将 Spring Boot 应用与 Docker 技术进行了整合。

目前，我们已经服务打包到镜像中，并且已将镜像推送至 Docker Registry，此时我们可自由获镜像并启动容器，但这件事情由谁来做比较好呢？是写一个脚本来自动处理，还是有更好的自动化构建方案呢？我们在下一章中会使用业界流行的持续集成系统 Jenkins，将服务镜像进行自动化发布。

第 6 章 微服务部署

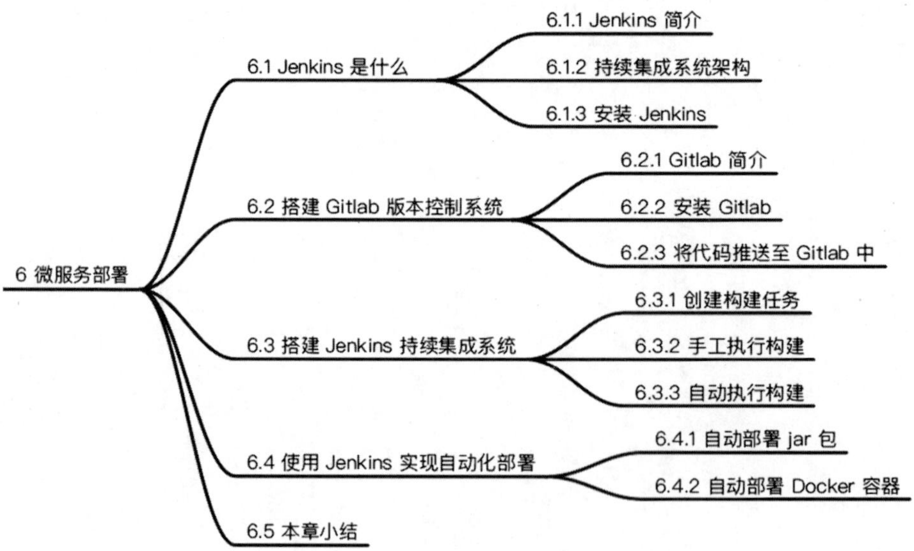

6 微服务部署
6.1 Jenkins 是什么
6.1.1 Jenkins 简介
6.1.2 持续集成系统架构
6.1.3 安装 Jenkins
6.2 搭建 Gitlab 版本控制系统
6.2.1 Gitlab 简介
6.2.2 安装 Gitlab
6.2.3 将代码推送至 Gitlab 中
6.3 搭建 Jenkins 持续集成系统
6.3.1 创建构建任务
6.3.2 手工执行构建
6.3.3 自动执行构建
6.4 使用 Jenkins 实现自动化部署
6.4.1 自动部署 jar 包
6.4.2 自动部署 Docker 容器
6.5 本章小结

我们使用 Git 管理代码，使用 Maven 构建项目，使用 Docker 封装服务，这些事情都需要通过手工的方式一步步地来完成，是否能让这些步骤自动地去执行呢？也就是说，开发人员将源码推送到 Git 远程仓库，自动进行 Maven 构建，并自动将构建生成的程序包放入 Docker 容器中。随后可自动发布测试环境，测试人员可以高效地完成测试工作，运维人员只需获取 Docker 镜像，就能将应用程序快速发布到生产环境。这一系列的自动化发布过程中需要一名协调者，它从 Git 远程仓库中获取源码，调用 Maven 来执行构建，通过 Docker 来生成镜像与启动容器——Jenkins 就是这名协调者。我们将在本章中学习 Jenkins 的安装过程与使用方法，并搭建一款适用于微服务架构下的“自动化发布平台”。

6.1 Jenkins 是什么

Jenkins 究竟是什么？它有哪些特性？如何使用它？我们将在本节中逐一为大家解答这些问题。通过本节的学习，我们可独立搭建一个 Jenkins 系统，后续我们将使用 Jenkins 完成服务的自动化发布。

我们不妨先对 Jenkins 做一个简单地介绍。

6.1.1 Jenkins 简介

在软件开发行业中，持续集成（Continuous Integration，简称 CI）是利用一系列的工具、方法与规则，做到快速地构建代码，并自动地进行测试，从而提高代码的效率和质量。Jenkins 是一款持续集成软件，拥有简单安装、开箱即用、易于管理、插件扩展等特性。只需要一个 Java 运行环境，就能将 Jenkins 跑起来，可通过图形化界面为每个项目创建对应的构建任务（也称为“构建作业”）。Jenkins 可连接我们的代码仓库系统，从中获取源码并执行自动构建，当构建完毕后，还能执行一些后续任务，比如：生成单元测试报告、归档程序包、部署程序包到 Maven 仓库、记录文件电子指纹、发送邮件通知等一系列操作。为了提高持续集成的执行效率，Jenkins 支持主从（Master-Slave）运行模式，一台 Master 机器可控制多台 Slave 机器，构建任务可并行在多台 Slave 机器上执行。

可以从 Jenkins 官网上快速了解它的相关特性，如图 6-1 所示。

Jenkins 官网地址 https://jenkins.io/。

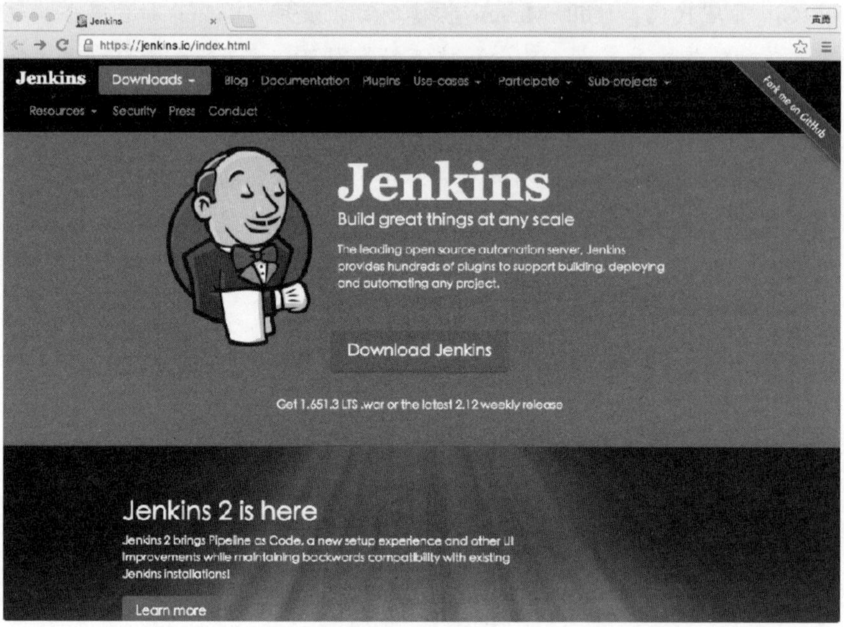

图 6-1 Jenkins 官网

目前，Jenkins 有两个版本，其中 1.x 为长期维护版，它的功能比较稳定，建议在生产环境下使用；2.x 版本为每周发布版，提供更简单的安装过程与更流畅的用户体验，此外还提供了 Pipeline 特性，用户可编写脚本来执行自动化构建。Jenkins 的两个版本如图 6-2 所示。

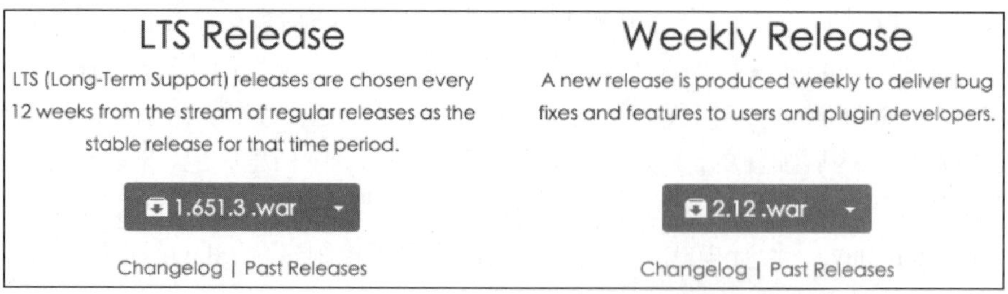

图 6-2 Jenkins 版本

持续集成的终极目标是为了持续交付（Continuous Delivery，简称 CD），也就是说，我们在任何时候都能从 Jenkins 中获取最近构建成功的程序包，并可随时发布到服务器上。如果能让程序包封装到 Docker 容器中，并自动地发布到服务器上，那么这将更大程度上提高我们的交付效率。

例如，首先开发人员将源码提交到代码仓库系统中（比如 GitLab），随后 Jenkins 从代码仓库系统中下载源码并执行构建，最后 Jenkins 将构建生成的程序包封装到 Docker 镜像中并通过该镜像启动一个容器（也可将程序包挂载到容器中），此时测试人员可访问这个容器中的服务并进行功能测试。

本章的核心就是搭建一个像这样的“自动化发布平台”，下面我们继续架构探险。

6.1.2 自动化发布平台

下面将我们设想的场景通过一张图来表达，如图 6-3 所示。

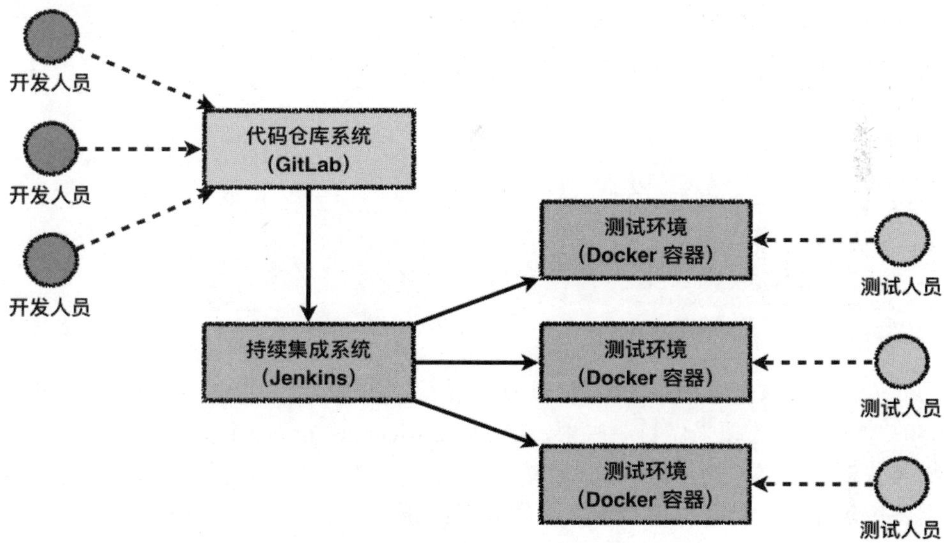

图 6-3　自动化发布平台系统架构

（1）开发人员将源码提交到代码仓库系统 GitLab 中。

（2）持续集成系统 Jenkins 定期会从 GitLab 上拉取指定项目的源码。

（3）在 Jenkins 上进行自动构建，并生成相关的 Docker 容器，形成相应的测试环境。

（4）测试人员在自己的测试环境下进行功能测试。

实际上，在微服务架构中，我们所开发的每个服务都作为一个项目，并将每个项目的源码托管到 GitLab 上，通过 Jenkins 来构建每个服务，并启动相应的 Docker 容器，测试人员可针对自己所负责的服务执行已定义的测试用例，并将测试也能做到自动化。也就是说，在这个架构中，整个服务的开发、构建、发布、测试等环节都是自动化的。

可见，能够实现以上架构，Jenkins 充当了核心的桥梁的作用，因为 GitLab 中所托管的源码作为了它的输入，Docker 容器作为了它的输出。既然 Jenkins 如此重要，下面我们就先来安装它。

6.1.3 安装 Jenkins

Jenkins 提供了不同操作系统下的安装包，比如 Linux、Windows、Mac OSX 等，同时也提供了 Docker 镜像，只需通过以下 Docker 命令就能获取一个 Jenkins 镜像：

```
$ docker pull jenkinsci/Jenkins
```

该镜像对应的 Dockerfile 源码托管在 Github 中。

Jenkins Dockerfile 源码地址：https://github.com/jenkinsci/docker。

当然，也可通过以下命令直接启动一个 Jenkins 镜像：

```
$ docker run \
  -d \
  -p 8080:8080 \
  -v ~/jenkins:/var/jenkins_home \
  --name jenkins \
  jenkinsci/Jenkins
```

我们通过 -d 选项在后台启动容器；通过 -p 选项来做端口映射，容器与宿主机的端口号都为 8080；通过 -v 选项来做目录映射，其中 /var/jenkins_home 目录为容器中 Jenkins 的根目录，将其映射到宿主机的 ~/jenkins 目录上，当容器停止时，宿主机中的目录不会删除，便于做数据备份，体现了数据与程序相分离的原则；通过 --name 选项指定了 Jenkins 容器的名称，便于查找该容器。

容器启动后，可通过以下命令来查看 Jenkins 容器的日志：

```
$ docker logs -f Jenkins
```

我们通过 -f 选项可实时查看日志的最新内容，便于了解 Jenkins 的运行情况。

如果我们用 root 用户来启动 Jenkins 容器，很有可能看到以下日志：

```
touch: cannot touch '/var/jenkins_home/copy_reference_file.log': Permission denied
Can not write to /var/jenkins_home/copy_reference_file.log. Wrong volume permissions?
```

因为 Jenkins 默认是以 jenkins:jenkins 用户来运行的，该用户对于 ~/jenkins 目录没有写权限，所以也无法写入容器中的 /var/jenkins_home 目录。有两个方法可以解决此问题：

（1）将 ~/jenkins 目录授权给 jenkins:jenkins 用户，使用命令 chown -R jenkins: jenkins ~/jenkins。

（2）以 root 用户启动 Jenkins 容器，需要在 docker run 命令中添加 -u root 选项。

最后可通过 docker ps 命令查看当前运行的容器：

```
$ docker ps
CONTAINER ID IMAGE              COMMAND                           CREATED
             STATUS             PORTS                              NAMES
8501fb71d705 jenkinsci/Jenkins  "/bin/tini -- /usr/lo"            3 days ago
             Up 2 minutes       0.0.0.0:8080->8080/tcp, 50000/tcp  Jenkins
```

此时需要注意的是，在 PORTS 字段中出现 0.0.0.0:8080->8080/tcp, 50000/tcp，表示将宿主机（0.0.0.0）的 8080 端口映射到容器的 8080 端口上，容器的 50000 端口并未做映射。我们可以想象，8080 是通过浏览器 HTTP 请求所访问的端口，那么 50000 又是什么端口呢？我们之前提到过，Jenkins 可支持 Master-Slave 运行模式，该端口实际上用于 Master 与 Slave 之间的通信。

当 Jenkins 启动完毕后，我们可在浏览器中通过 http://localhost:8080/ 来访问它，如图 6-4 所示。

图 6-4　Jenkins 主界面

Jenkins 自带了多国语言包，可自动识别操作系统的语言作为 Jenkins 的系统语言，但明显对中文汉化还不够完整。

至此，Jenkins 安装完毕。

除了 Docker 容器，实际上我们也可从官网上获取 Jenkins 的 war 包，并将此 war 包部署到 Tomcat 上，同样也能安装 Jenkins，只不过我们需要首先准备好 JDK 与 Tomcat，然而 Docker 容器已经将这些基础设施封装到镜像中了，使我们的安装过程更加方便。

接下来我们需要做一些配置。

1. 配置 Maven 环境

单击“系统管理”菜单，进入图 6-5 所示的界面。

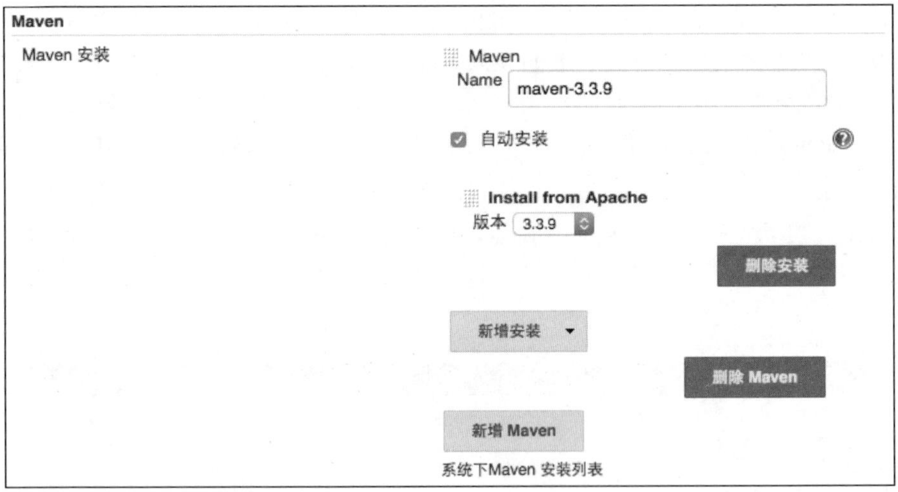

图 6-5 配置 Maven 环境

我们需新增一个 Maven 安装，并对其进行命名，可在随后的过程中使用该 Maven 环境。

需要注意的是，新版本的 Jenkins 2.x 不再集成 Maven 环境，我们需单独安装 Maven，并配置 Maven 环境变量，使 Jenkins 可直接调用 Maven 命令即可。

2. 使 Jenkins 支持 Git

此外，由于 Jenkins 默认是不支持 Git 的，因此我们需要手工安装 Jenkins 的 Git 插件。单击“系统管理”菜单，进入“管理插件”界面，在“可选插件”选项卡中可输入“Git plugin”关键字，快速过滤出 Git 插件，如图 6-6 所示。

勾选“Git plugin”，并单击“直接安装”按钮，可安装该插件及其所依赖的相关插件，如 6-7 所示。

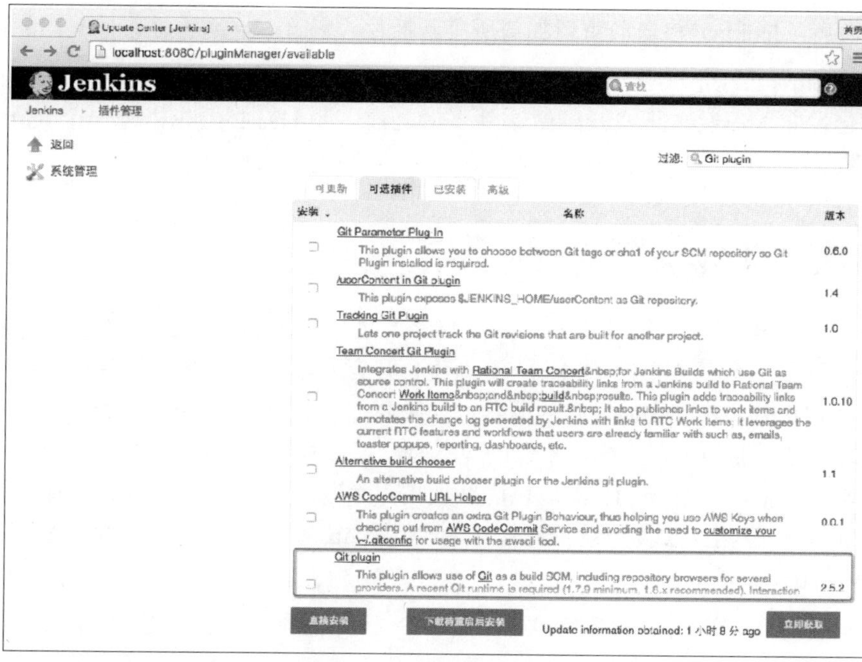

图 6-6　过滤 Git 插件

图 6-7　安装 Git 插件

安装成功后，Jenkins 将自动重新加载所有新插件。

此时，Jenkins 已经集成了 Maven 与 Git，后面我们将在此基础上进行构建，并最终实现服务的自动化发布。不过在正式开始做这件事情之前，我们有必要先搭建一个 GitLab，因为 Jenkins 需要首先从 GitLab 上拉取源码。

6.2 搭建 GitLab 版本控制系统

GitHub 是全球知名的代码托管平台，我们只需通过 Git 客户端就可以连接并操作它。而对于免费用户而言，我们只能在 GitHub 上创建公开仓库，也就是说，世界上任何一个人都可以自由地从 GitHub 上获取我们发布的源码。如果我们不想让 GitHub 上代码仓库被其他未授权的人访问，则必须成为付费用户，才能创建私有仓库。而且，GitHub 本身也没有开源，我们无法在局域网内部搭建一个 GitHub 以供团队使用。幸运的是，GitLab 满足了我们的需求，我们只需从 GitLab 官网上下载它的安装包，或者使用 GitLab 的 Docker 镜像，就可以在局域网内部搭建 GitLab。

本节我们将对 GitLab 进行简单介绍，通过 Docker 镜像在内网搭建 GitLab，并尝试将源码推送至 GitLab 中。

6.2.1 GitLab 简介

GitLab 是一款基于 Git 的开源的代码仓库系统，它基于 Ruby on Rails 开发，界面美观，使用方便。如果我们想在局域网内部搭建一个 Git 远程仓库，那么 GitLab 也许是最好的选择。

我们可通过 GitLab 的官网对它进行进一步的了解，如图 6-8 所示。

GitLab 官网地址：https://about.gitlab.com/。

从 GitLab 官网上可知，GitLab 提供了三种版本。

（1）GitLab CE：它是 GitLab 的社区版，提供了代码仓库系统的基础功能，可免费使用。

（2）GitLab EE：它是 GitLab 的企业版，提供了更加强大的企业级功能，但需购买使用。

（3）GitLab.com：它是 GitLab 的在线版，无须安装就能使用，类似于 GitHub。

我们需要使用的是 GitLab CE，下面将在局域网内部安装一个 GitLab。

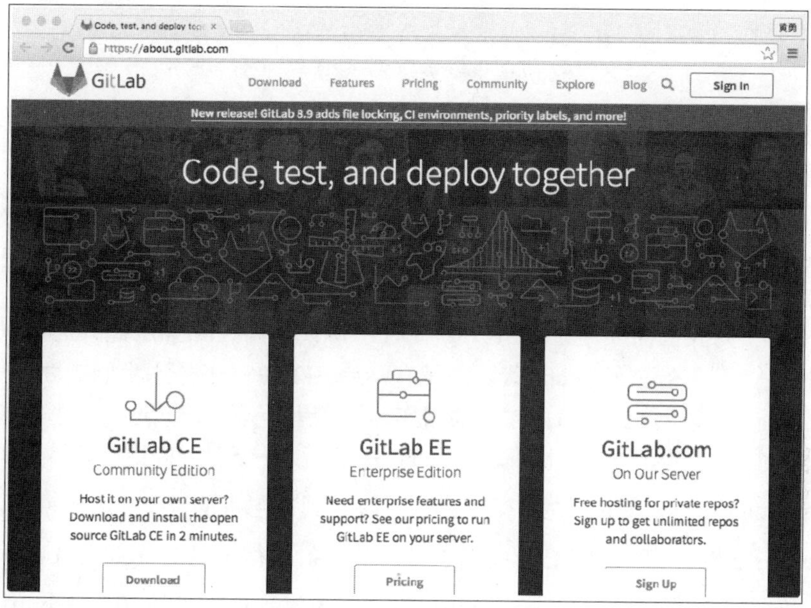

图 6-8　GitLab 官网

6.2.2　安装 GitLab

虽然 GitLab 非常好用，但安装过程却比较复杂，所依赖的服务较多，比如 Redis、Nginx、PostgreSQL 等。幸运的是，GitLab 也提供了相应的 Docker 镜像，我们无须关心复杂的运行环境，只需一个镜像，就能快速将 GitLab 跑起来。

可从以下地址了解 GitLab 的 Docker 镜像的使用方法。

GitLab 的 Docker 镜像：http://doc.gitlab.com/omnibus/docker/。

只需通过以下 Docker 命令就能下载 GitLab CE 镜像：

```
$ docker pull gitlab/gitlab-ce
```

当然，也可以根据以下 Docker 命令下载镜像并启动容器：

```
$ docker run \
  -d \
  -h gitlab.xxx.com \
  -p 22:22 \
  -p 80:80 \
  -v ~/gitlab/etc:/etc/gitlab \
```

```
-v ~/gitlab/log:/var/log/gitlab \
-v ~/gitlab/opt:/var/opt/gitlab \
--name gitlab \
gitlab/gitlab-ce
```

我们通过 -h 选项来设置 GitLab 的访问域名，也就是说，必须通过 gitlab.xxx.com 才能访问 GitLab，该域名需要在 DNS 中进行域名映射，将该域名映射到 GitLab 所在服务器的 IP 地址上。通过 -p 选项指定端口映射，这里我们指定了三个端口，22 表示 SSH 端口，80 表示 HTTP 端口。因为我们需要通过 SSH 或 HTTP 协议访问 GitLab，此外还可以暴露 443 作为 HTTPS 的端口，只不过 GitLab 默认并没有开启 HTTPS 服务，我们需要做一些配置，当然并不一定需要同时暴露这些端口，建议根据实际情况进行选择。通过 -v 选项指定目录映射，将 GitLab 的三个目录映射到宿主机上，下面对这三个目录分别加以说明。

（1）/etc/gitlab：表示 GitLab 的配置目录，映射到宿主机的~/gitlab/etc 目录。

（2）/var/log/gitlab：表示 GitLab 的日志目录，映射到宿主机的~/gitlab/log 目录。

（3）/var/opt/gitlab：表示 GitLab 的数据目录，映射到宿主机的~/gitlab/opt 目录。

也就是说，我们将 GitLab 容器中三个不同位置的目录聚合到了宿主机的~/gitlab 目录中。

当启动 GitLab 容器后，可在浏览器中访问 http://gitlab.xxx.com/，此时会重定向到修改管理员密码的界面，如图 6-9 所示。

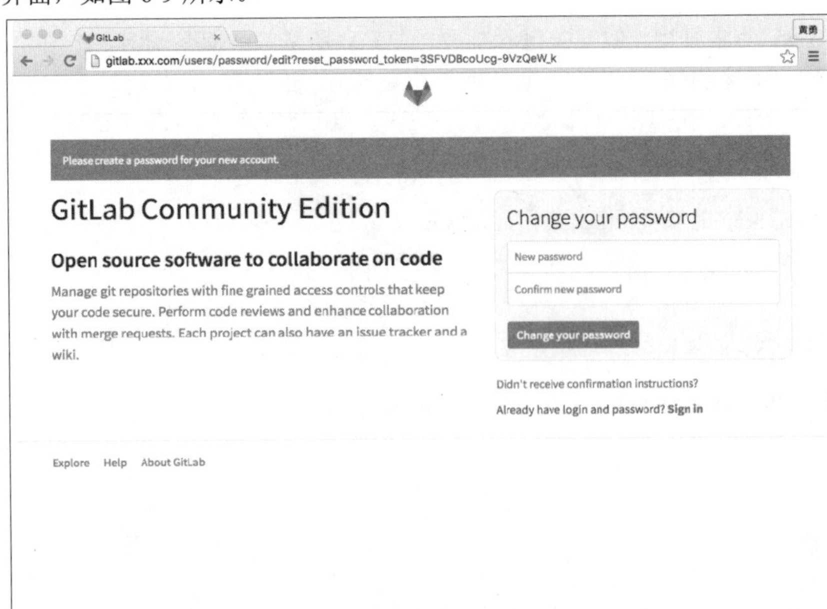

图 6-9 修改 GitLab 管理员密码

当我们修改完管理员密码后，将进入登录界面，如图 6-10 所示。

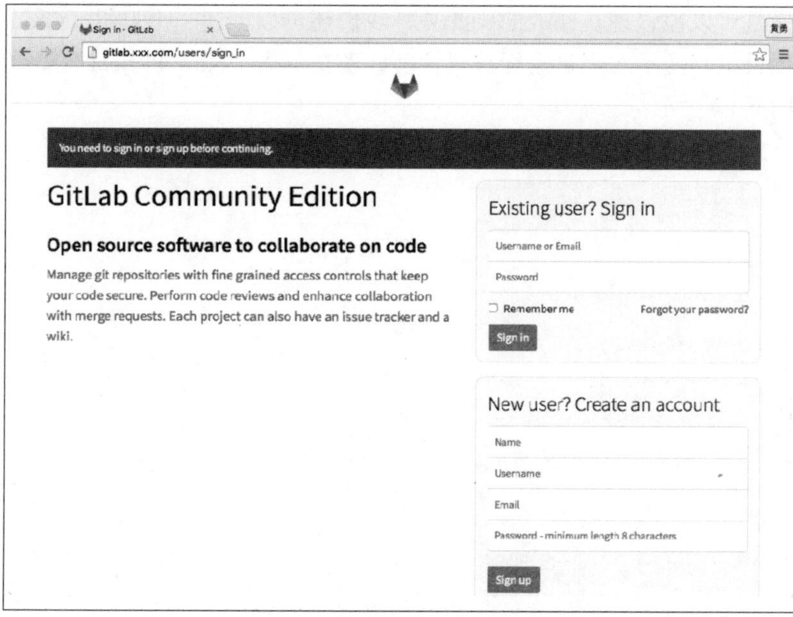

图 6-10　GitLab 登录界面

输入用户名（root）与刚才修改过的密码，将进入主界面，如图 6-11 所示。

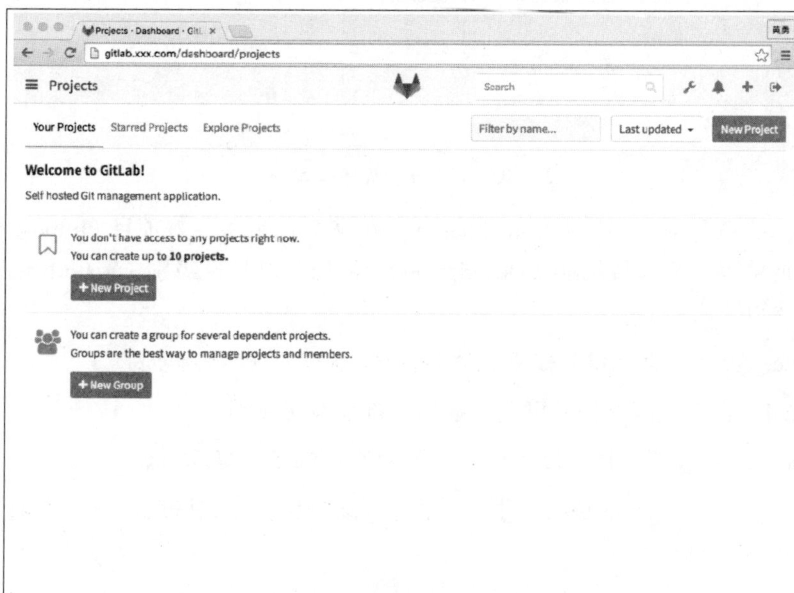

图 6-11　GitLab 主界面

我们接下来要做的是新建一个项目，默认情况下，一个用户可创建 10 个项目，但这个可创建项目的数量是可以被管理员修改的。此外，我们还可以创建一个群组（Group），可以将群组理解为一个项目组，便于对项目进行权限管理。现在单击“New Project”按钮，将进入新建项目界面，如图 6-12 所示。

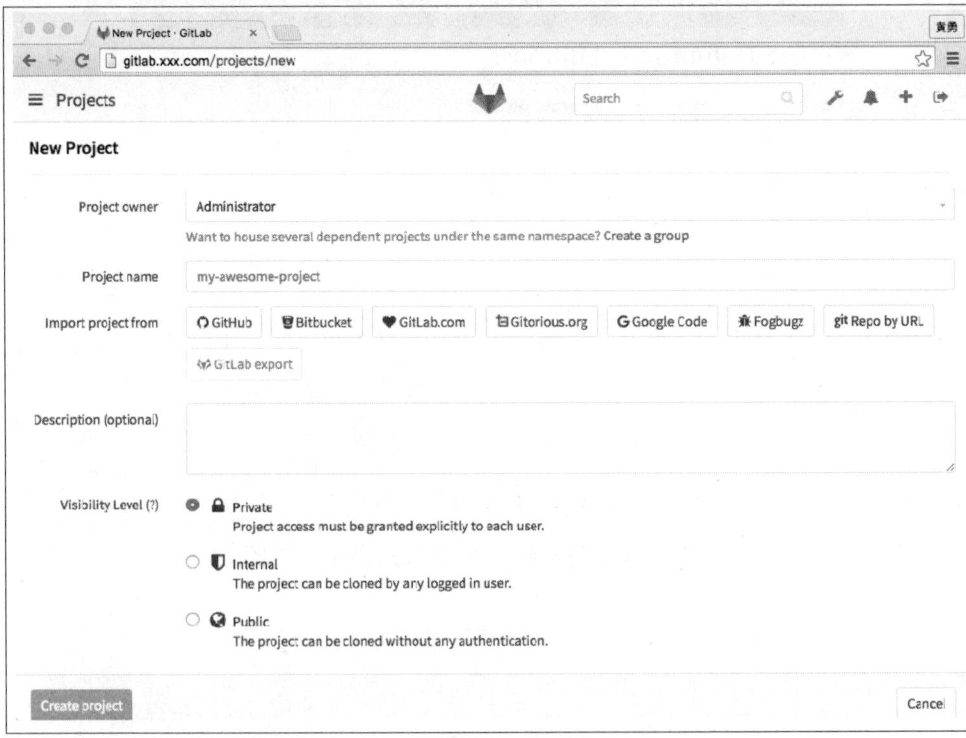

图 6-12　GitLab 新建项目界面

此时我们需要填写项目名称（Project name），可从其他来源导入项目（Import project from），可以有选择性地填写一些项目描述（Description），可设置可见性级别（Visibility Level）。其中，可见性级别包含以下三种。

- Private：表示私有项目，授予具体的权限的用户才能访问项目。
- Internal：表示内部项目，可登录的用户都能克隆项目。
- Public：表示公开项目，没有任何权限的用户都能克隆项目。

我们创建了一个名为 msa-book 的私有项目，该项目创建完毕后，将进入项目主界面，如图 6-13 所示。

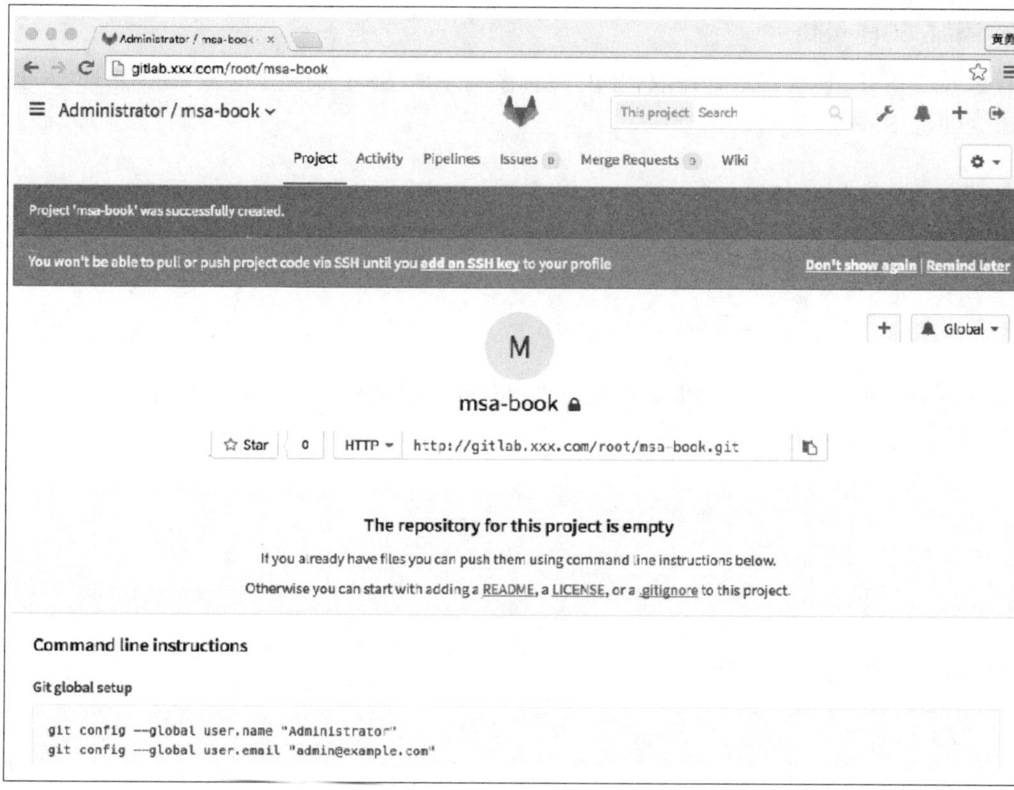

图 6-13 GitLab 项目主界面

下一步我们可将代码推送至 GitLab 中。

6.2.3 将代码推送至 GitLab 中

目前该项目的代码仓库是空的，我们需要通过该界面上提示的 Git 命令将本地仓库推送至该仓库中。不过在推送之前，我们还需要两件事情需要处理：

1. Git 全局设置

需要在本地 Git 客户端中做一些全局设置，在终端中输入以下 Git 命令：

```
$ git config --global user.name "Administrator"
$ git config --global user.email "admin@example.com"
```

我们需根据自己的姓名与邮箱，修改以上配置中的参数，并在本地终端中执行以上命令。

2. 添加 SSH 公钥

若想通过 SSH 协议推送并拉取代码，则需要将本地 SSH 公钥上传至 GitLab 中，可通过以下命令创建 SSH 密钥对：

```
$ ssh-keygen -t rsa -C "admin@example.com"
```

可通过以下命令查看 SSH 公钥：

```
$ cat ~/.ssh/id_rsa.pub
```

在项目主界面中有一行橙色提示，单击“add an SSH key”，将进入添加 SSH 密钥界面，如图 6-14 所示。

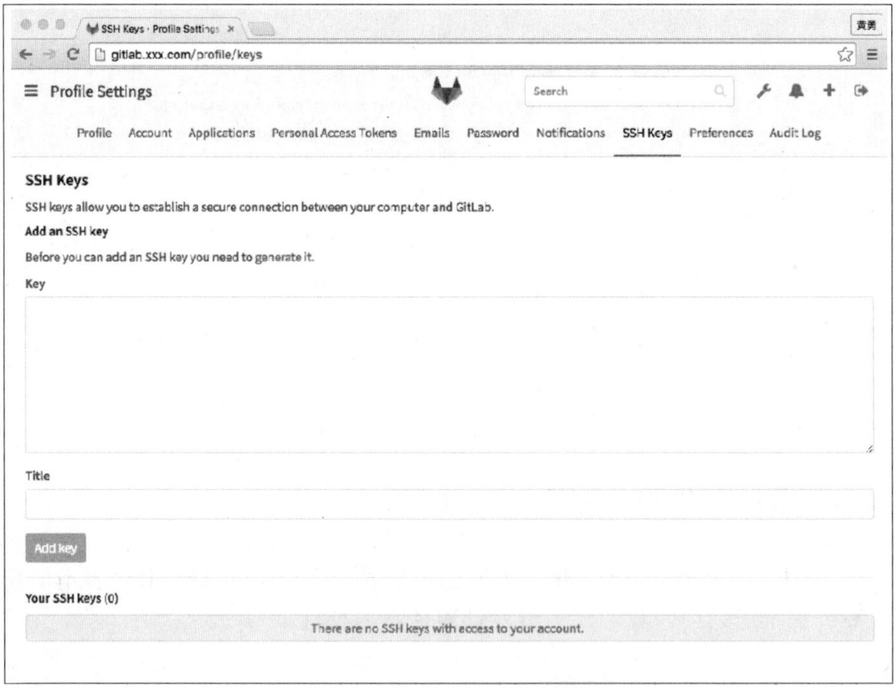

图 6-14　添加 SSH 密钥界面

复制终端中输出的 SSH 公钥，并将其粘贴到 Key 输入框中，并在 Title 输入框中起一个名字，单击“Add key”按钮，即可完成操作。

若本地已有 Git 仓库，则首先需建立远程连接（Git Remote），然后才能推送代码：

```
$ git remote add origin git@gitlab.xxx.com:root/msa-book.git
$ git push -u origin master
```

下一步我们将在 Jenkins 上创建构建任务，来完成持续集成任务，它将连接 GitLab，并从中获取源码，进而使用 Maven 对源码进行编译与打包。

6.3 搭建 Jenkins 持续集成系统

在本节中，我们将创建一个 Jenkins 构建任务，它会从 GitLab 上拉取源码，并通过 Maven 进行编译与打包，最后将构建成功时输出的程序包进行归档，便于随时获取。由于我们已经将 Jenkins 与 GitLab 运行在 Docker 容器中，Jenkins 想要从 GitLab 中获取源码，难免会遇到容器之间的通信问题，本节也会将容器连通问题进行简单描述。

我们先从创建一个构建任务开始。

6.3.1 创建构建任务

单击主界面上的“创建一个新任务”或左侧菜单上的“新建”链接，将进入创建构建任务的界面，如图 6-15 所示。

图 6-15 创建构建任务

我们需要填写任务名称（在“Item 名称”中输入 msa-api-xxx），并选择“构建一个 maven 项目”，单击“OK”按钮，将进入构建任务配置界面，如图 6-16 所示。

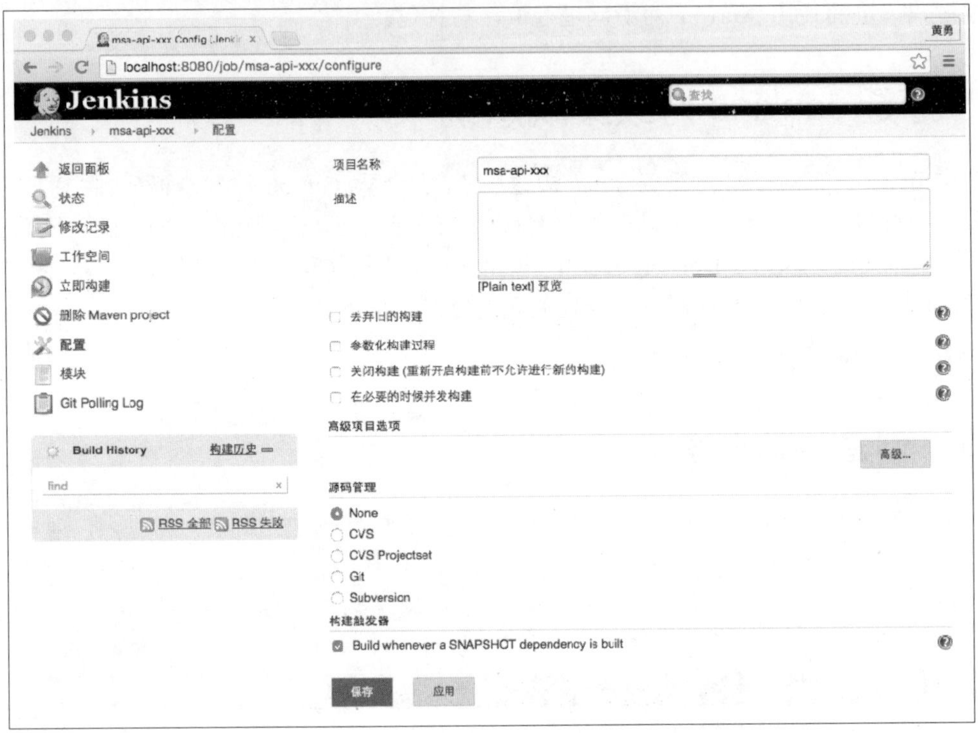

图 6-16　构建任务配置界面

1. 配置 Git 仓库

在“源码管理”中，我们选择“Git”，并在“Repository URL”中输入该项目所在的 Git 仓库地址，但此时会发现如下报错提示，如图 6-17 所示。

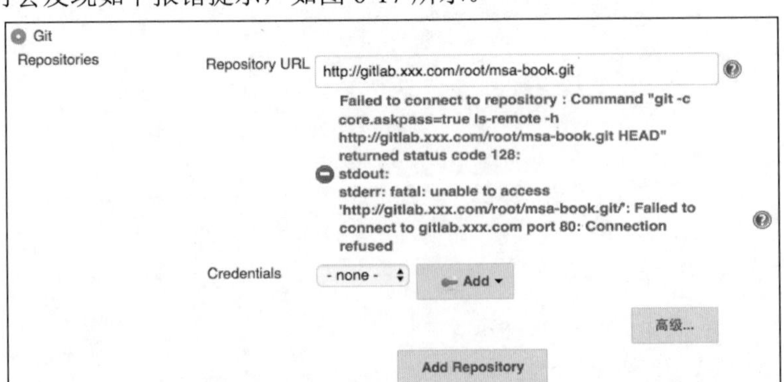

图 6-17　Jenkins 无法访问 GitLab

从报错提示中我们不难发现，Jenkins 访问域名 gitlab.xxx.com 时出现连接拒绝现象。由此现象进而可以断定，Jenkins 容器无法访问 GitLab 容器。

有什么方法可以解决这个问题呢？

最简单的方式是修改 Jenkins 容器的 /etc/hosts 配置文件，在该文件中添加一行域名映射规则，使 gitlab.xxx.com 域名指向 GitLab 容器的 IP 地址。

虽然此方法表面可以解决问题，但是如果将来 GitLab 容器重新启动或重新部署了，它的 IP 地址就有可能发生变化，此时还需要再次修改 Jenkins 容器的 /etc/hosts 配置文件中的域名映射规则。

难道就没有更好的方案了吗？

其实 Docker 已经为我们提供了这样的特性，只需我们在启动 Jenkins 容器时，添加 --link 选项，并将其指定到需要连接的 GitLab 容器即可。也就是说，启动 Jenkins 容器需要使用以下命令：

```
$ docker run \
  -d \
  -p 8080:8080 \
  -v ~/jenkins:/var/jenkins_home \
  --link gitlab:gitlab.xxx.com \
  --name jenkins \
  jenkinsci/jenkins
```

我们需要对 --link 选项的格式加以说明，它也被冒号分隔为左右两部分，冒号左侧表示需要连接容器的名称，对应于启动 GitLab 容器时指定的 --name 选项；冒号右侧表示需要连接容器的别名，对应于访问 GitLab 容器的域名。

当我们使用以上命令启动 Jenkins 容器后，不妨查看一下该容器中 /etc/hosts 文件是否有变化：

```
$ docker exec jenkins cat /etc/hosts
127.0.0.1   localhost
::1 localhost ip6-localhost ip6-loopback
fe00::0 ip6-localnet
ff00::0 ip6-mcastprefix
ff02::1 ip6-allnodes
ff02::2 ip6-allrouters
172.17.0.2  gitlab.xxx.com gitlab.xxx.com gitlab
172.17.0.3  7f19f99b44f0
```

此时我们观察到，gitlab.xxx.com 域名对应的 IP 地址为 172.17.0.2，可推断该地址就是 GitLab 容器的 IP 地址，当然我们也可验证一下：

```
$ docker inspect -f "{{.NetworkSettings.IPAddress}}" gitlab
172.17.0.2
```

果然不出我们意料，GitLab 容器的 IP 地址正是 172.17.0.2。请注意这里 docker inspect 命令的用法，我们使用 `-f` 选项对返回的 JSON 数据加以过滤，仅过滤出我们想要看到的 IP 地址。

使用--link 方式虽然可以解决容器的连通问题，但是该方式仅局限于同一宿主机中，也就是说，在不同宿主机中的容器是无法使用该方式进行连通的。直到 Docker 1.9 以后，Docker 引擎提供了一个名为 Docker Networking 的技术，它解决了“跨宿主机”容器的连通问题。我们可使用 docker network create 命令创建一个自己的 Docker 网络，并指定该网络的驱动为 overlay，以及子网地址。如果大家感兴趣的话，可通过以下地址了解更多关于 Docker Networking 方面的内容。

Docker Networking：https://docs.docker.com/engine/userguide/networking/。

我们再次回到 Jenkins 的 Git 源码管理配置，再次输入“Repository URL”，此时会发现又有新的问题了，如图 6-18 所示。

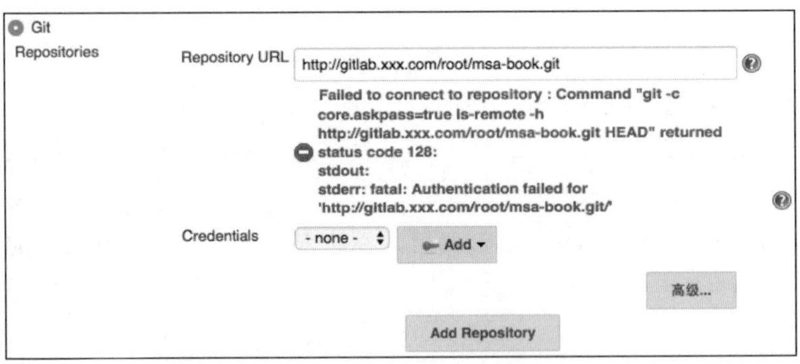

图 6-18 GitLab 认证失败

通过错误提示可知，我们所填入的 Git 地址是需要身份认证的，此时提示认证失败。我们可单击“Credentials”下拉框右侧的“Add”按钮，并选择“Jenkins”选项，将弹出一个添加身份认证信息的对话框，如图 6-19 所示。

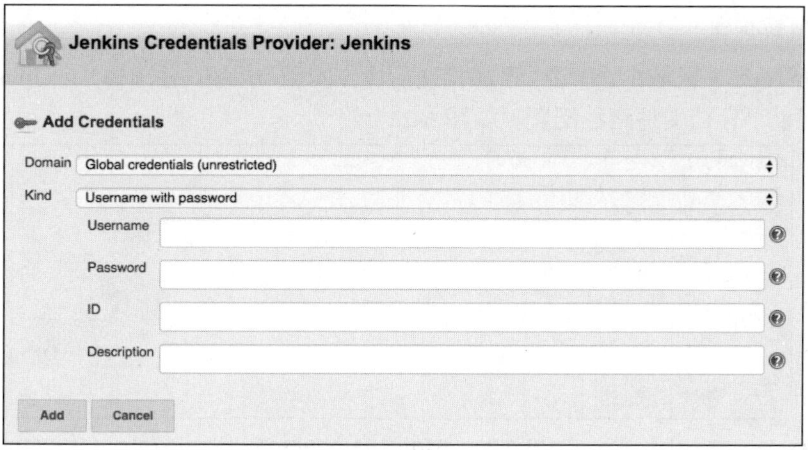

图 6-19 添加 GitLab 身份认证信息

由于我们此时填写的“Repository URL”是一个 HTTP 地址，因此需要在“Kind”下拉框中选择“Username with password”选项，表示通过用户名与密码进行身份认证。操作完成后，我们需要在“Credentials”下拉框中选择刚才已添加的认证方式，此时错误提示将完全消失，如图 6-20 所示。

图 6-20 配置 Git 仓库完毕

2. 配置 Maven 构建

在“Build”区域中的“Goal and options”输入框中输入 clean package -q，如图 6-21 所示。

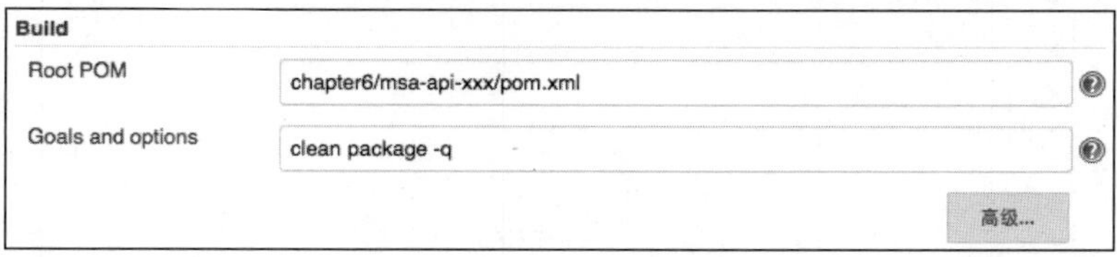

图 6-21 配置 Maven 构建

如果需要对 Maven 进行额外配置，可单击“高级...”按钮。

我们需指定 Maven 构建所对应的 pom.xml 文件路径，默认为项目根目录，此时将其修改为 chapter6/msa-api-xxx/pom.xml。此外，为了加快 Maven 的构建速度，我们需在以上 Maven 目标后使用 -q 选项，表示安静地执行构建，在构建过程中减少输出信息，除非有报错才会输出。

3. 添加后置构建

在“构建后操作”区域中，单击“增加构建后操作步骤”按钮，并选择“Archive the artifacts”选项，将出现以下存档文件路径配置，如图 6-22 所示。

图 6-22　配置存档文件路径

在“用于存档的文件”输入框中输入需要存档的文件（**/target/*.jar），路径与文件名中支持 * 通配符。其中，** 表示一级或多级路径，* 表示一级路径或任意文件名。由于该命令风格在 Ant 中首先出现，因此也称为“Ant 风格”的文件路径。

配置完构建信息后，我们接下来就执行一次手工构建，观察构建是否正常。

6.3.2 手工执行构建

单击“保存”按钮，回到项目主界面，如图 6-23 所示。

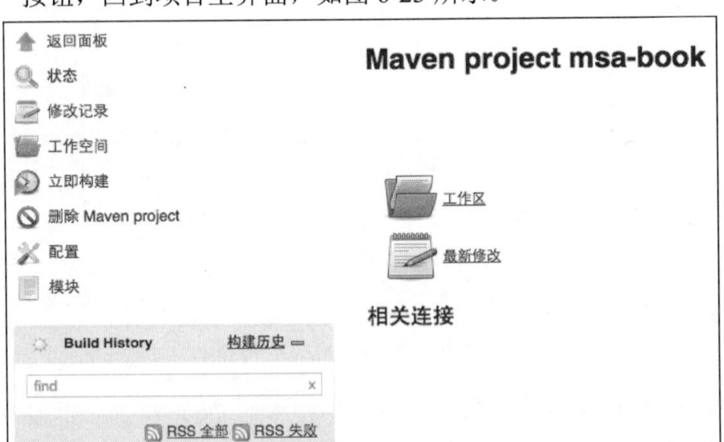

图 6-23　项目主界面

单击左侧菜单栏中的“立即构建”按钮，将执行构建操作，此时可在“Console Output”中查看构建输出的日志。

第一次执行 Maven 构建的时间可能较长，这是正常现象，因为需要下载 Maven 构建所需的相关插件，以后构建时间会明显加快。

构建成功后，将生成"最终成功构建"的存档文件，此外还会产生一些"相关连接"，如图 6-24 所示。

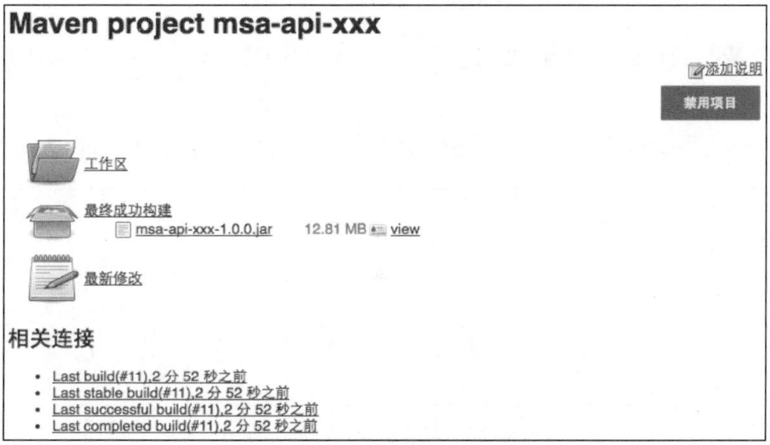

图 6-24　构建后的存档文件

回到 Jenkins 主界面，将看到以下构建任务列表，如图 6-25 所示。

图 6-25　构建任务列表

小球图标表示构建状态，蓝色为构建成功；构建晴雨表中的太阳图标表示构建非常稳定；单击时钟图标，可开启一次计划构建。

我们在开发阶段会不断将代码推送至 GitLab，若每次都执行手工构建，未免有些烦琐，此时最好能自动构建。

6.3.3　自动执行构建

再次打开构建配置，回到"构建触发器"配置，如图 6-26 所示。

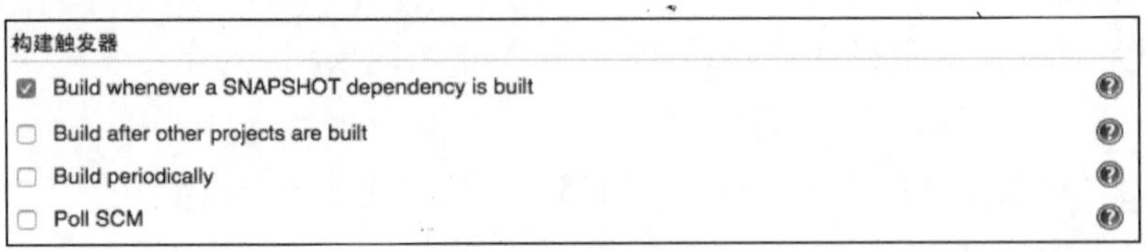

图 6-26　选择构建触发器

我们的需求是，当代码推送至 GitLab 后，将自动构建，但不希望没有推送任何代码时还要自动构建。

根据以上需求，我们需要选择“Poll SCM”选项，并输入自动构建日程表，如图 6-27 所示。

图 6-27　配置自动构建日程表

在“日程表”中输入一个基于 CRON 表达式，此时我们输入 H/5 * * * *，表示每到一个 5 分钟就执行一次构建。例如，如果第一次构建在 4:30，那么第二次构建将在 4:35。需要注意的是，此处使用 H 而不是 *，是为了降低同一时间段执行多个构建所带来的性能开销，使用 H 可将具体的构建时间进行 Hash。

此时我们不妨故意修改一点代码，提交后推送只 GitLab，等待下一次 5 分钟的到来，观察 Jenkins 是否会执行自动构建。

目前我们只是使用 Jenkins 做了代码构建，而并未将所构建的 jar 包发布到服务器上。构建是为了发布，我们需要进一步尝试如何自动将构建生成的 jar 包跑起来。

6.4　使用 Jenkins 实现自动化发布

对于传统的 Java Web 应用而言，构建所生成的是 war 包，我们可将此 war 包部署到 Tomcat 容器中运行。然而对于 Spring Boot 应用而言，构建所生成的却是 jar 包，此外该 jar 包中还包含了运行所依赖的其他 jar 包，其中就包含了一个嵌入式的 Tomcat 容器。由于这类 jar 包可以直接运行，但体积一般比较“肥胖”，因此我们也称其为 fatjar。

本节我们将通过 Jenkins 自动地发布 jar 包。也就是说，首先我们将代码提交至 GitLab 中，随后 Jenkins 将进行自动构建（使用 Maven 构建并生成 jar 包），最后将使用 Java 命令运行构建所生成的 jar 包。除此以外，我们还将使用 Docker 镜像来实现自动化发布，这才是我们所推荐的方式。我们先来看看 Jenkins 如何自动发布 jar 包。

6.4.1　自动发布 jar 包

我们在构建后，虽然生成了一份 msa-api-xxx-1.0.0.jar 存档文件，但此时却无法执行 Shell 脚本（Java 命令）来运行该 jar 包，因为 Jenkins 允许我们在"构建前（Pre Steps）"或"构建后（Post Steps）"添加所需执行的 Shell 脚本。很明显，构建后才是运行 Shell 脚本的最佳时机，我们可以在"Command"文本域中输入任意的 Shell 脚本，如图 6-28 所示。

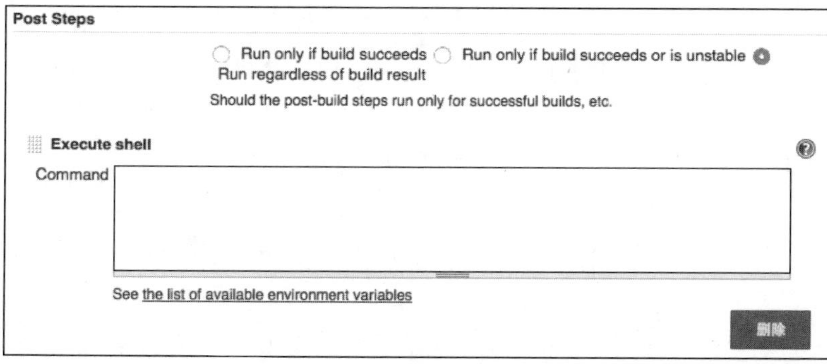

图 6-28　执行 Shell 脚本

单击"the list of available environment variables"链接，可查看脚本中允许使用的环境变量，例如 $BUILD_NUMBER、$WORKSPACE 等。现在不做解释，稍后我们将会使用到这些环境变量。

我们都知道，想要运行一个 jar 包，可以使用如下 Java 命令：

```
$ java -jar /foo/bar/xxx.jar
```

可见，关键是想办法知道 jar 包的绝对路径（即 /foo/bar）。既然我们是通过 Maven 来执行构建的，那么 jar 包一定在当前项目的 target 目录下。可推理出，想要获取 jar 包的绝对路径，实际上是获取当前项目的根目录。

我们发现，在 Jenkins 中有一个叫作"工作空间（Workspace）"的东西，可在工作空间中查看从 GitLab 中获取的源码，以及通过 Maven 构建所生成的文件，如图 6-29 所示。

在"Command"文本域中，我们可使用 $WORKSPACE 环境变量来获取 Jenkins 工作空间的绝对路径，从而便可得到 jar 包的绝对路径：

```
$WORKSPACE/chapter6/msa-api-xxx/target/msa-api-xxx-1.0.0.jar
```

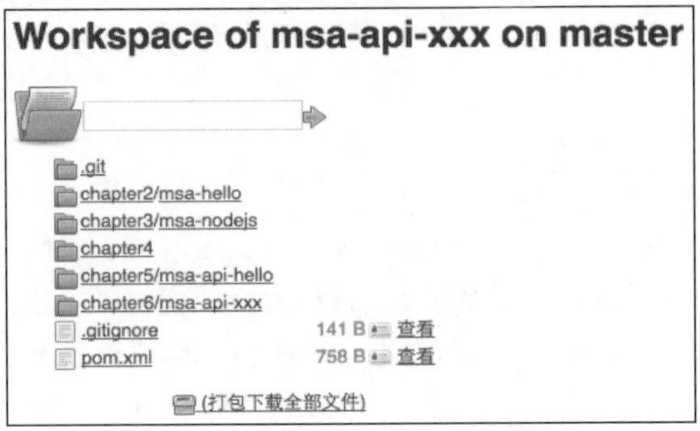

图 6-29　Jenkins 工作空间

既然 jar 包内部是一个 Spring Boot 应用，那么我们就可以使用 --server.port 参数来修改内部嵌入式 Tomcat 的端口号。

现在我们可在“Command”文本域中输入以下 Java 命令：

```
java -jar \
$WORKSPACE/chapter6/msa-api-xxx/target/msa-api-xxx-1.0.0.jar \
--server.port=18080
```

手工单击“立即构建”按钮，观察控制台输出，将在构建后执行以上 Java 命令，在 18080 端口上发布了 msa-api-xxx-1.0.0 服务，从而实现了 jar 包的自动化发布。

我们不难发现，该方式存在明显的问题：

（1）当服务发布后，Java 进程并未结束，构建过程无法正常完成，以至于阻塞了下一次构建（构建进度条一直走不下去）。

（2）无法停止当前构建过程，除非手工单击“中止构建”按钮（构建进度条右侧的 x 按钮）。

（3）由于构建过程在 Jenkins 中完成，因此无法应用于生产环境中（生产环境中是不会安装 Jenkins 的）。

能否借助我们前面学到的 Docker 技术来解决以上问题呢？

我们不妨做这样的构思：

（1）开发人员将源码推送至 GitLab，随后将自动触发 Jenkins 构建任务。

（2）Jenkins 调用 Maven 进行构建，编译后将生成 jar 包。

（3）根据当前构建过程，生成一个 Docker 镜像，并将其推送至局域网内的 Docker Registry 中，供生产环境随时获取并直接发布。

（4）根据生成的 Docker 镜像，运行一个 Docker 容器（若当前存在该镜像的容器，则首先移除该容器）。

这正是我们之前设想的“自动化发布平台”，目前我们已经完成了前两步，下面我们就来一起完成后两步。

6.4.2 自动发布 Docker 容器

我们要明确一个问题，既然每次构建成功后将生成一个 Docker 镜像，并将此镜像推送至局域网内的 Docker Registry，那么我们首先就有必要对这个镜像做一个合理的命令。

我们已经学习到，一个镜像完整名称由两部分组成，即“镜像仓库:镜像标签”，其中“镜像仓库”还包括“镜像仓库地址/镜像仓库名称”。

假设我们在本地搭建了一个镜像仓库，它的地址是 127.0.0.1:50000，当然也可以在镜像仓库前面架设一个 Nginx，配置一个内部域名，比如 docker-registry，并将此域名映射到 127.0.0.1:50000。

镜像仓库名称可使用 Maven 的 groupId 与 artifactId 来表示，针对该项目而言，镜像仓库名称为 demo.msa/msa-api-xxx。

那么，加上镜像仓库地址前缀，该项目的镜像仓库为 127.0.0.1:50000/demo.msa/msa-api-xxx。

那么镜像标签应该如何命名呢？可以用 Maven 版本号来表示吗？

假如我们使用 Maven 版本号，那么在每次修改一处代码后就需要同时变更这个版本号，否则就体现不出镜像的差异。此外，如果我们忘记修改 Maven 版本号，推送了同名的镜像，会将以前的镜像仓库与镜像标签重命名为 <none>，以至于以前的镜像无法正常获取。

可见，使用 Maven 版本号作为镜像标签并不是特别合理。

那么有更合理的选择吗？可以用 Git 版本号吗？

我们之前使用过 Maven 的 Git 插件（maven-git-commit-id-plugin），可在 Maven 构建时执行资源过滤，以替换掉资源文件中的 git.commit.id 占位符。此外，我们还使用了 Maven 的 Docker 插件（docker-maven-plugin），它能在 Maven 构建时读取 Dockerfile 文件，并生成 Docker 镜像，还能推送至 Docker Registry。

看似可以实现我们的目标，但问题的关键是我们无法将 git.commit.id 应用在镜像标签上，因为镜像标签配置在 pom.xml 中（使用 imageName 配置），它的文件路径已超出了 Maven 资源过滤的目录范围（资源过滤目录通常是 src/main/resources）。如果把 pom.xml 也加入资源过滤范围中，就会扩大资源过滤查找范围，将影响 Maven 构建的效率，此外这也不是推荐的做法。

看来通过 Maven 来构建 Docker 镜像是很难做到将 Git 版本号作为镜像标签的，我们不得不换一种思路。最能想到的就是使用 Jenkins 执行 docker build 命令来构建 Docker 镜像，但此时我们能获取到 Git 版本号吗？

可惜的是，Jenkins 并未提供 Git 版本号，我们在 Jenkins 的可用环境变量中只看到 SVN_REVISION，它是 Subversion 的版本号。但我们意外地发现，有个叫做 BUILD_NUMBER 的环境变量，它是 Jenkins 每次构建所生成的版本号，它是自增的，而且在同一个构建任务中不可能出现重复。我们不妨就使用 BUILD_NUMBER 来作为镜像标签，因此该项目的镜像名应为 127.0.0.1:50000/demo.msa/msa-api-xxx:$BUILD_NUMBER。

既然镜像名已经确定下来了，那么下一步就是使用 docker build 命令读取 Dockerfile 文件来构建镜像。我们先来回忆一下 src/main/resources 目录下的 Dockerfile：

```
FROM java:8
ADD @project.build.finalName@.jar app.jar
EXPOSE 8080
CMD java -jar app.jar
```

我们继承了 java:8 镜像，将当前目录下的 @project.build.finalName@.jar 文件添加到镜像中根目录下并重命名为 app.jar，随后定义了可以暴露到容器外的 8080 端口，最后在启动容器时运行 java -jar 命令来执行根目录下的 app.jar 文件。

需要再次说明的是，Dockerfile 中的 @project.build.finalName@ 是 Maven 占位符，它将在 Maven 编译时进行资源过滤，从而将被替换为 msa-api-xxx-1.0.0。

Docker 要求我们必须将 Dockerfile 文件与需要添加到容器中的文件放入同一上下文中，才能执行 docker build 命令。也就是说，构建生成的 msa-api-xxx-1.0.0.jar 文件必须在 Dockerfile 文件所在目录的同级或下级。因此，在 Jenkins 的 Shell 脚本中需要首先进入 Maven 的构建目标目录（即 $WORKSPACE/chapter6/msa-api-xxx/target），然后将 classes/Dockerfile 复制到当前目录下，最后才能执行 docker build 命令，同时还需执行 docker push 命令，将镜像推送至 Docker Registry。当镜像处理完毕以后，接下来根据已生成的镜像来启动对应的容器，在启动容器前还需移除当前正在运行的同名容器，以确保新容器完全取代旧容器。

下面我们就根据以上逻辑，重新编写 Jenkins 的 Shell 脚本。

1. 定义变量，以便脚本更加简洁而优雅

```
API_NAME="msa-api-xxx"
API_VERSION="1.0.0"
API_PORT=58080
IMAGE_NAME="127.0.0.1:50000/demo.msa/$API_NAME:$BUILD_NUMBER"
CONTAINER_NAME=$API_NAME-$API_VERSION
```

以上这些变量可根据实际情况灵活修改，我们使用了 Jenkins 所提供的 BUILD_NUMBER 环境变量来充当镜像名中的镜像标签，此外对容器名进行了合理的命令，确保看到容器名就知道是 API 名称及其对应的版本号，这里的版本号可与 Maven 版本号保持一致。

2. 进入 target 目录并复制 Dockerfile 文件

```
cd $WORKSPACE/chapter6/$API_NAME/target
cp classes/Dockerfile .
```

我们使用了 WORKSPACE 环境变量来构造 Maven 的 target 路径名，大家可根据实际情况来指定 target 路径名。需首先进入该 target 目录，并将 classes/Dockerfile 文件复制到 target 目录下，此时 Dockerfile 文件就与 Maven 构建所生成的 jar 包在同一目录下了。

3. 构建 Docker 镜像

```
docker build -t $IMAGE_NAME .
```

这一步非常简单，我们通过 docker build 命令构建了一个 Docker 镜像，所需读取的 Dockerfile 文件就在当前目录下。

4. 推送 Docker 镜像

```
docker push $IMAGE_NAME
```

由于在镜像名中已添加镜像仓库地址作为前缀，因此执行以上 docker push 命令可将镜像推送至 Docker Registry 中，而不会推送至 Docker Hub 中。

5. 删除 Docker 容器

```
cid=$(docker ps | grep "$CONTAINER_NAME" | awk '{print $1}')
if [ "$cid" != "" ]; then
  docker rm -f $cid
fi
```

由于我们需要在启动新容器前，移除掉同名的旧容器，因此需要首先从当前正在运行的容器中，根据容器名进行查找，并返回容器 ID，然后判断容器 ID 是否存在，若存在则移除该容器。

6. 启动 Docker 容器

```
docker run -d -p $API_PORT:8080 --name $CONTAINER_NAME $IMAGE_NAME
```

我们指定了容器名、镜像名与需要映射到宿主机的端口号，就能方便地从后台启动一个容器。

7. 删除 Dockerfile 文件

```
rm -f Dockerfile
```

由于当前目录下的 Dockerfile 文件是从 classes 目录中复制过来的，目的是为了将其与 jar 包放置在同一目录下，以便执行 docker build 命令来构建 Docker 镜像。既然 Docker 镜像已构建完毕，此时我们可将当前目录下多余的 Dockerfile 文件移除掉，这一步是可选的。

现在我们将以上所有的脚本放入“Command”文本域中，如图 6-30 所示。

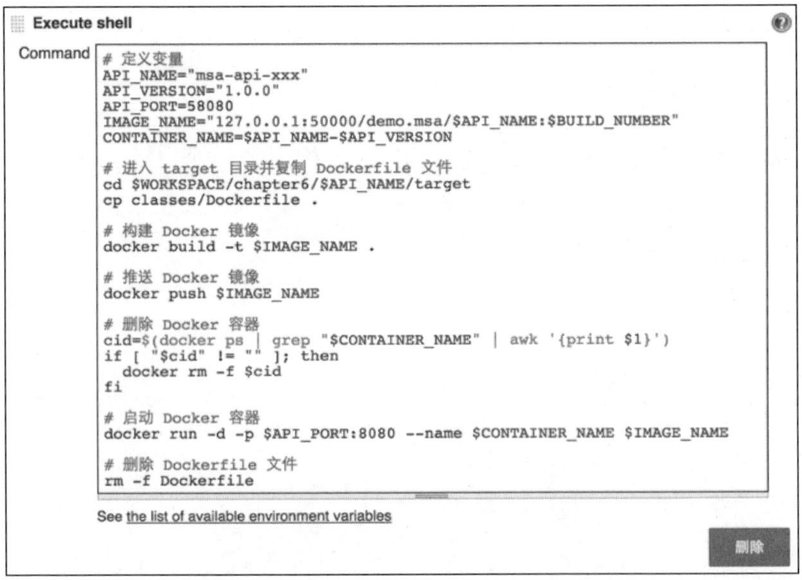

图 6-30 发布 Docker 容器的 Shell 脚本

再次单击“立即构建”按钮，很快就会看到一个构建失败的结果，打开控制台输出，此时会看到一个令我们无法想象的问题：docker: not found。

这说明在 Jenkins 容器中无法执行 Docker 命令，原因很简单，因为我们拉取的 Jenkins 镜像中并没有安装 Docker。

如何在 Jenkins 容器中运行 Docker 命令呢？有四种方案供大家自行选择：

（1）不使用任何 Jenkins 镜像，而是在宿主机上安装 Jenkins，因为宿主机上有 Docker 服务。

（2）不使用官方提供的 Jenkins 镜像，而是自己构造一个带有 Docker 服务的 Jenkins 镜像。

（3）使用 Docker-in-Docker（DinD）方案，表示在 Docker 容器中可运行其他 Docker 容器，这两个容器之间是“父子关系”。Docker Hub 中提供了 Jenkins 的 DinD 镜像。

（4）使用 Docker-outside-of-Doker（DooD）方案，表示在 Docker 容器中创建宿主机上的 Docker 容器，这两个容器之间是“兄弟关系”。Docker Hub 中提供了 Jenkins 的 DooD 镜像。

关于 DinD 与 DooD 更详细的内容请参考以下链接。

DinD：http://jpetazzo.github.io/2015/09/03/do-not-use-docker-in-docker-for-ci/。

DooD：http://container-solutions.com/running-docker-in-jenkins-in-docker/。

通过以下地址了解 Jenkins 的 DinD 与 DooD 镜像。

Jenkins 的 DinD 镜像：https://hub.docker.com/r/killercentury/jenkins-dind/。

Jenkins 的 DooD 镜像：https://hub.docker.com/r/axltxl/jenkins-dood/。

以上各方案各有利弊，请大家根据实际情况自行选择。

至此，一款“自动化发布平台”基本搭建完毕。Jenkins 可自动从 GitLab 中获取最新提交的源码，并执行 Maven 构建，将构建后的 jar 包生成为 Docker 镜像，将 Docker 镜像推送至 Docker Registry，以供生产环境发布，并根据 Docker 镜像生成相应的 Docker 容器，自动发布至测试环境。

6.5 本章小结

在本章中我们使用 Jenkins + GitLab + Docker 搭建了一款轻量级微服务“自动化发布平台”，Jenkins 从 GitLab 中获取源码，进行构建，构建后生成 Docker 镜像，以 Docker 容器的方式进行发布。此外，我们还将生成的 Docker 镜像推送至 Docker Registry，以供生产环境使用。可见，我们交付的不再是源码，而是 Docker 镜像，通过 Jenkins 将此交付过程变得更加简单而高效。

实际上，微服务架构涉及的方面还有很多，比如：微服务日志、微服务安全、服务监控、微服务测试、微服务通信、微服务治理等，这些方面我们将在下册中继续探讨。目前我们所搭建的微服务架构还只是一个开始，相信未来的架构探险会更加刺激，更有挑战！